U0957588

克而瑞地产管理者实战丛书

地产工程经理兵法

速成系统化管理工程专家

克而瑞（中国）信息技术有限公司 编著

中国建筑工业出版社

图书在版编目（CIP）数据

地产工程经理兵法/克而瑞（中国）信息技术有限公司编著. —北京：中国建筑工业出版社，2009
（克而瑞地产管理者实战丛书）
ISBN 978-7-112-11563-1

Ⅰ.地…　Ⅱ.克…　Ⅲ.房地产—项目管理　Ⅳ.F293.3

中国版本图书馆CIP数据核字（2009）第204462号

本书以工程经理的视角，阐述了项目开发过程中对关键节点的管理，分别从工程经理技能、项目策划、设计、施工四大主要环节进行阐释，从而达到提升工程经理工作能级，培养其个人管理能力，细化了设计阶段工程要点，为后续工作顺利开展铺路的目的；同时又加强了项目经理对项目报批办法的了解，为顺利开展工程施工做准备。

* * *

责任编辑：封　毅
责任设计：赵明霞
责任校对：王雪竹　关　健

克而瑞地产管理者实战丛书

地产工程经理兵法

克而瑞（中国）信息技术有限公司　编著

*

中国建筑工业出版社出版、发行（北京西郊百万庄）
各地新华书店、建筑书店经销
北京嘉泰利德公司制版
北京云浩印刷有限责任公司印刷

*

开本：787×1092毫米　1/16　印张：12½　插页：1　字数：311千字
2010年2月第一版　2010年2月第一次印刷
定价：**68.00**元
ISBN 978-7-112-11563-1
(18830)

工程经理是施工项目实施过程中所有工作的总负责人，在工程建设过程中起着协调各方面关系的纽带作用。

提升工程经理能力

工作范畴

- 对内是动态管理者
- 对外起桥梁作用

职业到素养

- 具有领导力和亲和力
- 熟练掌握专业技术
- 有敬业精神、敢于责任
- 有丰富的实践经验
- 思维敏捷、精力充沛
- 协调施工单位和监理关系

工程项目设计阶段的质量管理普遍被忽视，而主要精力则放在施工阶段。其实，假如设计方案不是最优，很难保证工程项目的整体投资效益。

设计阶段保障质量2大核心工作

组织工作

- 组织工程施工图纸设计
- 组织设计交底

\+

审核工作

- 审核工程施工计划
- 对施工图纸提出变更并审核
- 对施工组织设计提出变更并审核

影响工程项目管理质量控制的因素主要有人、材料、机械、方法和环境五大方面。对这五方面因素严格控制，是保证工程质量的关键。

因素1 人

人是生产经营活动的主体，工程建设的全过程都是通过人来完成的，人员的素质即人的文化水平、技术水平、管理能力、职业道德等都将对工程项目施工的质量产生影响。

因素2 材料

工程材料泛指构成工程实体的各类建筑材料、构件、成品、半成品等，是工程建设的物质条件，是工程质量的基础。

因素3 方法

施工过程中的方法包含整个建设周期内所采取的技术方案、工艺流程、组织措施、检测手段、施工组织设计等。

因素4 机械设备

机械设备可分两类：一是指组成工程实体及配套的工艺设备和各类机具，它们构成了建筑设备安装工程或工业设备安装工程，形成了完整的使用功能。二是指施工过程中使用的各类机具设备，简称施工机具设备，它们是施工生产的手段。机器设备对工程质量也有重要的影响。

因素5 环境

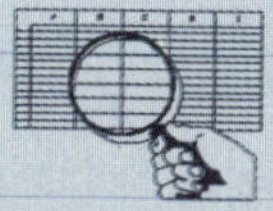

工程管理环境主要是指工程实施的合同结构与管理关系的确定，组织体制及管理制度等，周边环境如工程邻近的地下管线、建（构）筑物等。

序言

得道

1998年，为了出版我们的第一本书——《现代房地产经典营销全录》，我曾去过万科在深圳的总部，位于厂房的办公室不怎么起眼，可已有王者之相。那时，该公司年营业额是22.69亿元，十年后这个数据已增至386.2亿元，而管理团队的目标则是令狂如王石者亦意外的1000亿元。

我常感慨过去十年地产行业并无太大进步，比如产品创新力和营销想象力，在一路狂奔的牛市下显得可有可无。时间车轮毕竟轰轰前行，今天的地产管理者在商业模式、企业运营、产品塑造等方面已经面临着更多、更不一样的挑战。

房地产全行业专业水准，仍然相对较低，原因有四：

一，行业起步较晚；

二，过去的日子比较好过；

三，产业化程度较低；

四，萝卜快了不洗泥。

但是，地产管理者的收入，却高高在上，原因也有四：

一，行业利润率比较高；

二，管理成本在项目收入中比例较低；

三，资金密集型的房地产开发主要依赖于人，地产项目经理好比基金经理；

四，地产管理高度依赖经验，行业缺乏足够的老手。

《地产管理者实战手册》，倡导在实战中锤炼管理智慧，从同行先辈的心得教训里汲取营养。

对于管理者而言，80%的工作是可以传承优化的标准动作，10年前和10年后要做的事情并无二致。20%的工作是自选动作，例如，今天的房地产企业对于上市融资的要求，对于商业模式的创新，对于项目盈利模式的思考，都远比当年更加深刻。

与所有企业一样，对于地产公司而言，处于核心地位的也是盈利基本要素：现金、利润率、周转率、收益和增长率。玩概念，搞上市，控成本，抓销售，管团队，莫不围绕这些核心字眼展开。倘若能够在实践中，不断提升自我，并找寻到各要素之间内在的逻辑关系，进而形成独树一帜的“流派”，则可谓得道矣。

喻颖正

2009年10月8日

目录

兵法三 五步办理项目报批，顺利开展工程施工

兵法四 坚守工程施工三大黄金期，攻克开发过程阻隔

目录

兵法一

提升工程经理工作能级，培养个人管理能力

CHAPTER ONE

》》 》》

提升工程经理工作能级，培养个人管理能力

1

熟悉掌握工程经理工作内容和

职业素养

掌握工程经理职业范围，培养职业素养是成为一名合格工程经理必备的基础工作。管理建设工程项目是一项繁杂的过程，没有职业素养，不清楚管理范围，会对项目造成很大的损失。

2

工程经理工程管理能力

全面聚焦

因为工程项目的特殊性、耗时长、事务庞杂等特点，工程经理创建完美团队、选择合适的合作单位、加强施工现场技术的管理就成为工程经理能力的突出体现。

第一节

熟悉掌握工程经理工作内容和职业素养

掌握要点

第一，工程经理全面治理、执行本公司的工程承接、施工治理工作，并接受上级的业务指导、检查。

第二，参与投标预算、平面图纸指导、施工图表制作、各项施工队伍的组织和调度以及各项工艺标准的实施指导和督促检查等，并对各项工作负责。

注意事项

工程经理对建设单位的施工项目直接负责任。由此，协调各方面的关系，联系各方面的工作，组织劳力等等，必须统筹安排，亲自去做。尤其在整个施工项目进展中，提高质量、确保安全、加快进度、降低成本、控制工期等，必须组织好，使每个环节、每个工艺流程相互紧密协调、配合默契，工程经理的这一纽带和桥梁作用就显得非常重要。

工程经理在工程施工的过程中起着重要作用，是施工项目实施过程中所有工作的总负责人，在工程建设过程中起着协调各方面关系、沟通技术、信息等方面的纽带作用，在工程施工的全过程中处于十分重要的地位。因此工程经理在工程实施的进程中不仅要利用自己掌握的知识，灵活自如地处理发生的各种情况。还要团结大家的力量多谋善断、灵活机变、大胆爱才、大公无私、任人唯贤、大胆管理，为企业取得最大的利润。

一、把握工程经理工作内容，明确管理地位举足轻重

工程经理在一个项目或者一个企业中有着举足轻重的分量，工程经理具有良好的素质和熟练的项目施工管理、经营技巧，可以为企业创造丰厚的利润，是施工项目和工程质量的关键。他秉承总经理之命全面治理、执行本公司的工程承接、施工治理工作；并接受上级的业务指导、检查。在整个项目施工管理活动中，要参与投标预算、平面图纸指导、施工图表制作、各项施工队伍的组织和调度以及各项工艺标准的实施指导和督促检查等，并对各项工作负责。

1.工程经理工作内容全面概括

第一，在主管副总经理的指示下，完成对全公司的各项工程的监督；

第二，合理的安排下属员工的工作以保障工程的全面、按时进行；

第三，深入施工现场，对地基基础、主体结构、关键工序等实施重点监督，对原材料、构配件、设备按规定进行监督检测；

第四，对主要工程项目进行分析和审核，发现严重工程质量问题及时按规定查处，并向上级汇报；

第五，参加工程质量事故调查处理，及时提交事故调查报告；

第六，对外协工程的施工进度、质量的监督和组织相关人员进行项目的验收；

第七，制定本部门的年度、季度的中长期工作计划；

第八，检查下属的工作进度，各类报表的审核与上交；

第九，负责对下属员工的素质、安全、专业技能、道德的培训，以提升本部门的整体素质；

第十，完成领导交办的其他工作任务。

2.工程经理内外职权细分

（1）对内：项目付诸实施的动态管理者

工程经理是施工项目全过程所有工作的管理者和总负责人，即项目承包责任人和项目付诸实施的动态管理者，同时也是项目生产要素合理投入或资源优化配置的组织调度者。对于企业内部他有很多任务

要应对：

任务一：熟悉工作基本状况

熟悉自己的工作环境、工作责任、工作职责是搞好项目管理的前提。在一个新的工程项目投标伊始，候选的工程经理就应加入投标小组参加工程投标的全部工作，以便熟悉工程的基本情况。如：项目所在地的地形、地貌，周围的资源情况及本工程与其他工程的关系、地位，对其他工程建设项目的影响等。

任务二：对施工现场的各项工作全面负责

在施工项目进程中，工程经理受承包人的委托完成承包人应当完成的各项工作，对施工现场的施工质量、成本、进度、安全等负全面的责任，这是工程经理重要的责任。工程施工过程中有很多意料不到的问题发生，对于出现的超过自己权限的范围的事件，应当及时向上级有关部门和人员汇报，请示处理方案或者取得自己处理的授权，切勿为了隐瞒一点点小问题使事态扩大铸成大错。

任务三：处理日常工作琐碎细节

工程经理日常工作最为繁忙也是应该最细心的事，当工程发生业主违约或其他需要与业主联系的紧急情况时，要及时代表承包人向发包人提出要求和通知。工程经理按发包人认可的施工组织设计（或施工方案）和依据合同发出的指令、要求组织施工。在情况紧急且无法与工程师取得联系时，应当采取保证人员生命和工程财产安全的紧急措施，并注意按要求在采取措施后48小时内向工程师送交报告。

任务四：监督工程进度和质量

施工项目展开后工程经理应经常召集技术人员沟通信息，依据施工项目管理规划的具体要求和内容尽可能使经济效益最大化。时刻督促进度、监督质量、依据施工（概）预算、施工图纸等控制工程成本。优化施工方案，排除干扰实现预定目标的同时要准确把握质量、进度、成本三者之间相互制约相互依存的关系保证各工序之间经济、安全、稳定、高效的运行。

（2）对外：起到桥梁作用

作为企业法人代表的经理，他不直接对每一个施工具体项目负责任，而只有由工程经理在国家法规和合同授权范围内，对建设单位的施工项目直接负责任。由此，协调各方面的关系，联系各方面的工作，组织劳力等等，必须统筹安排，亲自去做。尤其在整个施工项目进展中，要提高质量、确保安全、加快进度、降低成本、控制工期等，就必须组织好，使每个环节、每个工艺流程相互紧密协调、配合默契。工程经理的这一纽带和桥梁作用就显得非常突出的重要。当今是科技发展的信息时代，为了高效还必须接受新的科技和先进的工艺。因此对自下、自外等，来自不同渠道和诸多方面的信息，应汇集于手中，在施工项目的管理实践中，加以总结与提高，再通过指令、办法等运用到自己承包的项目工程中，以控制成本，使项目管理取得成功与高效。除此外，还必须取信于建设单位和所属的施工队队伍，这就得对项目工程质量、管理费用、管理目标的实现，承担全部责任，即承担合同责任，履行合同义务，执行合同条款，处理合同纠纷，兑现员工工资以及接受法规的约束与保护。

总而言之，作为工程经理这个集责、权、利、人、财、物、技术等于一身的主体也好，项目总负责人也好，肩上的担子是很重的，酸甜苦辣是够受的。尤其作为事业心强、责任感重的工程经理，在面临市场竞争激烈，建设行业规范标准要求高的情况下则更需要高素质的人选。即强化法规政策，精通业务技能，熟悉理论科技以及领导艺术等；同还必须善于学习不断完善、充实自己的组织管事技能，才能适应于如火如荼的市场经济发展的需要。

二、提升工程经理职业素养，为工程质量上保险

当前我国的经济发展速度日新月异，同时占重要地位的基本建设步伐也逐年加大。随着西部大开发拉开序幕，我国在基本建设项目上的投资可谓空前巨大；这就要求有一大批素质高、善管理、会经营、懂技术的建设项目管理人才投入战斗。怎样管理好工程，在建设施工中节省资金、降低损耗、节省劳动力，保证项目质量目标、进度目标如期实现。也就是怎样成为一个优秀的工程经理；优秀的工程项目管理者。工程经理至少应该具备下列条件。

1.具有领导力和亲和力

具备领导才能是成为一个好的工程经理的重要条件，团结友爱、知人善任、用其所长、避其所短，善于抓住最佳时机，并能当机立断，坚决果断地处理将要发生或正在发生的问题，避免矛盾或更大矛盾的产生。具备这些能力就能更好的领导工程部的全体员工，唤起大家的积极性和创造性，齐心协力完成施工项目的建设。

2.熟练掌握专业技术

掌握熟练的专业技术知识是成为优秀工程经理的必要条件。如果没有扎实的专业知识作后盾，在项目的实施过程中遇到难题或模棱两可的问题就无从下手、手忙脚乱最终导致人力物力上的浪费，甚至造成更大的错误。作为一名称职的工程经理要精通本专业各方面的技术知识。在精于本专业各项技术的同时应该有更广泛的知识面，要了解多学科、多专业的知识，也就是说什么都知道、什么都懂，形成T形的知识结构。这样才能在施工中轻松自如地领导各方面的工作，化解来自各方面的矛盾，顺利完成项目施工任务。

3.有敬业精神，敢于承担责任

有工作干劲、有敬业精神、为人正直、敢于主动承担责任。在工程建设实施的过程中工程经理要接

触很多人，处理复杂多样的工作也会遇到各种各样的问题，如：施工中遇到技术问题难以解决，经过业主、监理、施工单位多方面的探讨拿不出成熟方案，此时工期紧张需要尽快解决施工方案。这就需要施工方挺身而出，大胆提出设想与业主同心协力解决难题。

4.有丰富的时间经验

在培养工程经理的过程中企业应给予实践锻炼的机会，在工程项目中重点从事项目的设计、施工、采购，增加知识技能，项目计划安排、网络计划编排、工程概预算和估算、招投标工作、合同业务、质量检查、技术措施制定及财务结算等工作能够培养其具有成熟客观的判断能力及丰富的工作、社会实践经验。具备实践经验后，才能灵活自如地处理遇到的实际问题。

5.思维敏捷、精力充沛

工程项目施工是一项纷繁复杂的工作，尤其公路工程的施工大部分在没有路的地方，需要多方面考虑，紧密布置。这需要有强健的体魄和充沛的精力来支持，在遇到突发事件时要及时正确快速地处理，如没有敏锐的思维是不可能做好这方面工作的。

6.协调好施工单位和监理的工作关系

要做好一个工程部经理，首先必须熟悉工程施工承包合同，了解施工单位承包内容、范围以及所要达到的质量目标、安全目标、工期目标、然后根据这些目标和合同要求，去控制成本、质量、工期、安全文明施工目标、当然还有其他方面的控制。

开发公司的工程部经理首先应该把好设计关，尽量避免设计浪费，避免设计方在设计时为拿回扣而制定某厂家设备产品造成工程投资的浪费。其次在工程施工时最重要的就是关注好工程的监理，即要树立他在施工单位面前的权威，也要防止监理和施工联合起来瞒报工程量清单外增加的工作量。至于质量问题，有监理在就不需要牵制太多的精力。开发公司工程部经理，最主要是协调施工单位、设计单位及其相关单位的工作。掌握整个工程的目标管理。

链　接

作为一个工程经理要实现工程利润最大化，在保证进度目标、质量目标、成本目标实现的同时更要注重在合同管理中的工程索赔问题。20世纪80年代我国引入国外工程管理的先进经验科学施工、精干队伍。80年代末90年代初我国已经有了自己的一套管理方法但还不太成熟，现在走进21世纪我们已经拥有了自己的管理方式和方法并引入国际咨询工程师联合会通用条款“FIDIC”。此条款经过数次的修订现在正日臻完善，其中工程索赔占重要地位。现在国际建筑市场中的工程索赔已经是一种正常的现象，并且受到各个承包商的高度重视。但在国内由于受到我国经济体制的影响，在工程施工中承包商不敢索赔和不懂索赔的现象很多。索赔是一种正常的行为，当前科技发展迅速，许多新技术、新方法的不断应用加大了工程施工的难度，在设计过程中难免出错。由设计变更导致工程费用的变化等是引起工程索赔的原因。并且这种形式已慢慢被我国所接受，所以在工程项目实施过程中要建立一支精干的、专业的索赔小组，专职处理此类事务，这个小组的存在会为承包商争取相当丰厚的利润。

第二节
工程经理工程管理能力全面聚焦

聚焦要点

第一，在施工项目管理中，工程部是施工项目管理的工作班子，是施工项目管理的组织保证。因此，一个好的工程经理，能有效地实现施工项目管理目标，完成施工项目管理任务。

第二，工程管理可具体分为工程进度管理、工程质量管理和工程成本管理。在不同的阶段寻找合适的合作者，是工程经理管理好工程项目的重要因素。

第三，由于房地产开发项目建筑施工与安装任务通常是委托承包给建筑施工单位来完成的，所以开发项目的工程管理，主要是以合同管理为手段，运用计划、组织、协调、控制、检查、验收等方法，对开发项目施工建设中的技术活动和经济活动，按照国家标准、规范和合同规定的目标，进行严格监督、控制和管理，以确保开发项目总体目标的最终实现。

注意事项

控制施工进度，控制工程质量，配合相关各方协调处理工程中的交叉问题。

施工现场工程经理的位置是如此重要，也就决定了施工工程经理的责任是严肃的，风险是严峻的。无论从施工项目的合同责任，还是对某项施工工程质量来讲，工程经理都是责任的主体，负有直接责任。

责任就是压力，也是主人翁精神的具体表现。一个有高度责任感的项目经理，除了对项目建设单位各项施工指标负责，还要对他所率领和组织的施工队的每个职工以及他自身的直接上司——企业法人负责任。

一、完善工程部是项目管理的有力保障

随着社会主义市场经济的建立，施工项目管理目前已在各类工程建设施工中全面推行，而在施工项目管理中，工程部是施工项目管理的工作班子，是施工项目管理的组织保证。因此，一个好的工程经理，能有效地实现施工项目管理目标，完成施工项目管理任务。

1.工程部要细分工作

建立工程部的基本原则，根据所设计的项目组织形式设置经理部。不同的组织形式给项目经理部的管理力量和管理职责提供了不同的管理环境。根据工程项目的规模、复杂程度和专业特点设置项目经理部。项目经理部是一个具有弹性的一次性施工生产组织，可以随工程任务的变化而调整。在工程项目施工开始前建立，在工程竣工交付使用后，项目管理任务全面完成，项目经理部解体。

工程部的部门配置和人员配置，工程部职能部门的设置，既要尽量地减小其规模，又要保证能够高效率运转，所确定的各层次的管理跨度要科学合理。

一般情况下，工程部下设的部门应包括：工程技术部门——负责生产调度、技术管理、施工组织设计、进度控制、文明施工等工作；经营核算部门——负责预算、资金收支、成本核算等工作；物资设备部门——负责材料的询价、采购等工作；监控管理部门——负责工程质量、安全管理等工作。

2.工程部人员配置比例合适

工程部的人员配置可根据具体工程项目情况而定，除设置经理、副经理外，还要设置总工程师、总经济师和总会计师以及按职能部门配置的其他专业人员。技术业务管理人员的数量根据工程项目的规模大小而定，一般情况下不少于现场施工人员的5%。

3.明确工程经理的权责

工程经理在承担工程项目施工管理过程中，应履行以下职责：贯彻执行国家和工程所在地政府有关工程建设和建筑管理的法律、法规和政策，执行企业的各项管理制度；严格财经制度，加强财务管理；组织制定项目管理机构各类人员的职责权限和项目管理的规章制度；组织编制工程项目施工计划并组织实施，解决施工中出现的问题；执行经济责任书中由项目经理负责履行的各项条款；对工程项目施工进行有效控

制，执行有关技术规范和标准，积极推广应用新技术，及时向企业法定代表人及分管领导报告工作情况。

工程经理的权限是确保项目经理承担相应责任的先决条件。为了履行项目经理职责，企业法人代表必须授予工程经理一定的权限：按工程规模大小聘任项目经理部人员，组织项目管理班子；以企业法定代表人的代表身份处理与所承担的工程项目有关的外部关系，受委托签署有关合同；指挥工程项目建设的生产经营活动；组织合适的施工作业队伍；进行合理的经济分配；同时，项目经理在承担工程项目施工管理过程中，应当接受企业领导和上级有关部门的工作检查及职工民主管理机构的监督。

工程经理最终的利益是项目经理行使权力和承担责任的结果，也是商品经济条件下企业应体现责、权、利相互统一的具体表现。

二、甄选工程合作单位是工程管理的必要准备

工程管理是房地产开发的一个重要环节，也是一个实质性的环节，怎样做好工程管理一直是一个困扰房地产开发商的主要问题。工程管理可具体分为工程进度管理、工程质量管理和工程成本管理。工程进度管理是管理过程，时间是金钱，效率是生命，加快工程进度、节约工程工期、快速高效地进行生产运作，才能不被竞争激烈的房地产市场所淘汰。工程质量管理是管理结果，工程质量是工程之根本，只有在满足质量的情况下，工程进度管理才有其意义“造名，更要造实”，好的名声必须要好的东西来保证。工程成本管理是管理造价，工程造价是房地产开发的核心控制区，合理降低工程造价，一方面可使房地产开发追求最大利润，另一方面可加大房地产的市场竞争力。那么怎样去做好房地产工程管理呢？

1.选择优秀的勘探和设计单位

这些单位是工程建设的先头兵，好的勘探队伍能准确地对土质情况进行定位，提供合理的基础设计依据，从而节约工程造价。优秀的设计单位能精确地对房屋进行设计，优化工程结构，减少和避免不必要的浪费，节约工程造价和加快工程进度。

2.选择素质高的施工企业和施工队长

施工企业和施工队长的素质高低，直接关系着工程进度和工程质量。怎样去选择，应当有一整套的组织架构，如：施工企业资质、施工企业技术力量、施工企业机械设备、近三年的工作业绩、企业可靠度和诚信度、施工队长的素质及能力、员工素质及能力等，只有多方面了解和掌握这些信息，加大筛选的力度，才能为选择优秀的项目班子提供合理的依据。

3.建立高效合理的管理模式

这种模式虽是一种广泛的行为，但也可进行系统的分类，如：工程材料管理、工程队伍管理、工程

资料管理等。工程材料主要是指工程甲供材，我们要加大甲供材的市场调研，多方面进行比较和区分，合理地选价和选材，严把材料质量和数量关，提高材料的供应速度，这就同时加快了工程进度、提高了工程质量和降低了工程成本。工程队伍是工程建设的主体，要对工程队伍进行行之有效的管理，如：合理的施工组织设计、有效的奖罚制度等，这样才能保证工程进度和工程质量。工程资料是工程的档案，记录着工程建设的整个过程，表现着工程特征。真实具体地做好工程资料，能切实反映工程质量的好坏，为工程质量的评定提供合理的依据。

三、提升工程施工专业技能是工程管理的可靠保证

房地产开发项目的工程管理是指对从项目开工准备到竣工验收的全过程所进行的管理。由于房地产开发项目建筑施工与安装任务通常是委托承包给建筑施工单位来完成的，所以开发项目的工程管理，主要是以合同管理为手段，运用计划、组织、协调、控制、检查、验收等方法，对开发项目施工建设中的技术活动和经济活动，按照国家标准、规范和合同规定的目标，进行严格监督、控制和管理，以确保开发项目总体目标的最终实现。

1.工程施工管理

对于房地产开发企业来说，开发项目的建筑施工和建筑工程安装是生产阶段最主要的任务，它不仅决定开发企业能否为社会提供优质的房地产产品，而且从经济角度分析，施工阶段的投入和开支远高于准备阶段。因此，有效的施工管理也是合理节约开支、提高房地产开发项目投资效益的关键环节。

鉴于上述特点，房地产开发商的工程施工管理活动可以总结归纳为一个系统模型。这一工程项目管理系统包括人、财、物控制系统，工程进度计划控制系统，质量控制系统，合同履行保证系统，经济效益保证系统等五个子系统。所以，只有五个子系统协调有效地运转，才能使一个房地产开发项目的施工顺利进行。

房地产开发商在工程施工管理中的主要任务见下表。

工程施工管理

管理内容	具体细节
项目组织与协调工作	一方面，选择施工、供应等参建单位，明确各自在业务往来中应遵守的原则；另一方面，落实项目施工阶段的各项准备和组织工作，包括落实设计意图、选定施工方案、审定材料与设备供应品种及供应方式
费用控制	主要包括编制费用计划，审核费用支出，研究节支途径
进度控制	主要进行进度分析，适时地调整计划，协调各参建单位进度
质量控制	提出质量标准，进行质量监督，处理质量问题，组织工程验收
合同管理	对施工前签订的施工合同进行管理，并处理工程量增减、合同纠纷、索赔等事宜

2.开发项目的工程施工控制

无论是开发住宅小区还是金融、商业区等，开发的内容构成了一项系统工程。而施工控制是整个开发项目管理的主要内容，也是项目经理的主要职责。因此，必须加强施工控制，以保证开发项目按计划有序地实施。

（1）工程进度控制

工程进度关系到建设工程能否如期竣工交付使用，而工程进度通过工程计划来具体实现。

①进度计划的形式。按照工程项目阶段划分，进度计划一般分成三类：

第一类，客观进度计划。从工程项目开始准备到竣工各阶段的进度计划，常用横道图法和网络图法表示。

第二类，总进度计划。由承包单位的技术部门、计划部门、质量监督部门等，在项目负责人的领导和监督工程师的主持下编制。根据工程所需工时数以及人力、物力、设备情况，求出施工工期，进而编制整个工程的施工进度计划。总进度计划也可通过横道图和网络图表示。

第三类，单位工程进度计划。以单位工程为对象进行编制。

②进度计划的监测——防止进度滑动：

定期取得工程实际进展情况，与原进度计划对比、检查，找出进度滑动原因，保证工期按时完成。“进度滑动”虽然是一种司空见惯的现象，但应该引起工程管理人员的高度警惕。

③进度计划的衡量、分析和修订：

衡量工程进度的指标有实物量、形象进度、工作量（完成投资额）或者工时数。衡量、分析与修订工作一般每月一次。

（2）质量控制

工程项目的质量是设计意图被实现的程度。质量控制是指开发项目管理机构以合同规定的质量目标或以国家标准、规范为目标所进行的监督和管理活动。质量控制的任务主要是在施工过程中及时发现施工工艺等是否满足设计要求和合同规定，对所选用的材料和设备进行质量评价，对整个工程中的工作质量水平进行评估，将取得的质量数据和承包商履行职责的程度，与国家有关规范、技术标准、规定进行比较，并作出评判。工程质量控制工作主要包括以下几项：

①对原材料的检验：

为保证材料质量，应当在订货阶段就向供货商提供检验的技术标准，并将这些标准列入订购合同。有些重要材料应当在签订购货合同前取得样品，材料到货后再与样品对照检查。未经检验或不合格的材料切忌与合格的材料混装入库。

②对工程中的配套设备进行检验：

工程建设中应确立设备检查和试验的标准、手段、程序、记录、检验报告等制度；对于主要设备的试验和检查，可考虑到制造厂监督和检查。

③确立施工中控制质量的具体措施：

检查各项施工设备、仪器，保证在测量、计量方面不出现严重误差；严格控制混凝土质量，设立水泥、砂、石和水配比的严格计量手段，专人负责检验混凝土试块制作以及挖方、定位、支模等工序；制定有效的质量检查和评定方法，以便保证砌筑工程、装饰工程和水电安装工程按合同规定的技术要求实施。

④建立有关质量文件的档案制度：

建立档案制度，将与质量相关的文件进行归档分类管理，以便于查找和保存。

（3）成本控制

实施成本控制是在不影响工程进度、质量、生产操作安全施工的前提下，将工程的实际成本控制在预算范围内。通常在施工阶段，要不断进行直接费用监测分析和间接费用监测分析。

①直接费用监测分析：

直接费用包括工程量、工时、机械台班、材料耗费、工程其他费用支出。对直接费用逐月提出统计报表。将实际费用与工程预算进行比较，并且根据实物工程量和花费的比较，计算出实际工程单价，最后与预算工程单价比较，研究存在的问题。

②间接费用监测分析：

间接费的预算数量是以直接费为基础，按照间接费率计算出的。一经确定就要不断进行监测，采取措施来降低施工管理费用的支出，费用支出时要做支出报告和支出审计，并要定期将实际费用与预算费用比较，进行有效控制。

工程经理营养餐

营养标签

专业化、差异化、低成本，这三个内容都与工程部门直接相关，所以工程部是公司的核心，这也是公司为什么这么重视工程部的原因。

营养密码

工程部的工作原则和标准，甚至包括工作目标都可以用三个字概括：快、准、新。

营养建议

大企业尤其是超大型的跨过集团，他们之间比的是规范,包括战略、决策、运作等等，中小企业拼的是速度，因为市场竞争越来越激烈，市场变化也越来越快，客制化产品越来越多，谁快谁就能占领市场，谁就能就能满足客户要求，那么谁就能胜出。

超级链接

要想了解更多房地产前沿资讯，获得更多项目管理信息，那么就赶快配置一把财富金钥匙。

某房地产工程部管理制度

工程项目部属工程总监直接领导下的工程项目施工、管理部门，为明确本部门内各项职能，确保各项工作高效展开，在公平、公正的原则下，特制订实施本制度。

1.工程项目部工作内容

组织完成工程项目开工审批手续，协调施工过程中的外部关系；组织实施招投标，协助签定施工合同；按照法律规范及合同规定和程序对建设项目进行从开工至竣工的全过程管理，实现项目合同目标；制定并实施工程部管理制度。

2.工程项目部日常工作制度

①工程部组织制度：

工程部实行部门经理领导下的专业工程师负责制；工程部根据建设项目需要，可设经理一名，副经理一名，土建专业工程师两名、安装工程师两名、资料管理员一名。

②工程部会议制度：

第一，工程部实行定期现场办公室制度（××项目定在每周五上午8：30）与定期会议相结合，根据工期、质量目标设专题会议；

第二，组织工程部与监理方定期现场办公例会制度，班前会制度（周一至周五早8：00）不定期专题会议制度；

第三，积极参加监理例会制度及不定期监理例会。

③检查制度：

第一，要求专业工程师会同监理相应专业及施工单位技术、施工员于上午、下午对施工作业点巡查各一次，重点部位及关键工序做到巡查各工作点达到100%，漏点处罚：每日每点50元（特殊情况或有其他工作除外）；组织周小查，由工程师负责人与监理方负责人及各专业工程师会同施工方负责人共同实施检查（暂定星期一上午9：00），组织月大检查或分部分项检查。请公司及管理人员参加，建立评比标准，进行现场讲评，及时组织竣工工程初步验收；

第二，针对检查结果及时以文字形式提交有关各方签认；

第三，工程部各岗位实行书面总结、计划，分周报、月报及分段目标报告制；

第四，写出管理日志，注明当日巡查情况及时间，记录工程会议检查事项、工程签证设计变更、施工质量、进度问题及相应措施的实施，并不定期对其抽查。

3.工程部岗位责任制

①工程部经理岗位责任制：

第一，工程部经理直接对公司工程总监负责，接受总监领导；

第二，按周、月、年制定生产计划及总结，协助制定项目目标、协调内外关系；

第三，组织起草审查招标文件、评定招标文件、拟定发包项目合同主要条款；

第四，组织参与施工进度计划、材料供应计划、资金需求计划的制定和初步审查；

第五，主持甲方、监理定期周例会、月检查、分部分项检查，参与监理周例会；

第六，组织参与施工组织设计、施工方案审查；

第七，将工程师报上的与施工单位来往的信函、文件等在24小时内报总经理，并在48小时内完成。

②专业工程师岗位责任制：

第一，工程部专业工程师对部门经理负责，接受部门经理领导；

第二，起草并保存与施工单位的来往文件、信函及各种法律文书，并在24小时内上报经理；

第三，组织项目施工审批所需资料；

第四，起草招标文件，拟定招标程序，参与评标，完成专业技术协议条款；

第五，进行施工现场工程量的统计、审核，并配合审算部进复核；

第六，组织进行工程质量安全检查，做好施工现场安全事故预防工作；

第七，组织对于隐蔽工程的验收，并确保所记录的资料真实、完整；

第八，工程点的巡查工作应在48小时之内完成；

第九，组织起草变更、签证文件；

第十，审查批复施工方作业计划、预结算资料及相应业务应在24小时之内完成；批复质量整改措施及各方工程联系单，在24小时内完成。

③工程部文件资料管理制度：

第一，公司文件资料（含公司主管部门文件资料），必须在4小时内传达到部门岗位人员，根据相应文件内容传达到相关单位；

第二，合同文件，凡由工程部负责签订的合同，必须确认合同方法律资格，经相关部门审查，报总经理审批签署后，方可交合同另一方施行。根据合同，图纸由工程部统一发放，相关专业工程师保留一套，妥善保管使用，竣工后交回工程部，以备存档或满足其他需要；

第三，设计院、总工办签署的变更统一发放到相关单位及专业工程师；

第四，专业工程师签认的变更（通知）、签证，由部门经理（或项目经理）审查签认后，盖技术专用章，统一发放到相关单位。

兵法二

细化设计阶段管理，为后续工作铺路

CHAPTER TWO

>>> >>>

细化设计阶段管理，为后续工作铺路

1

编写三大

设计任务书

设计任务书又称计划任务书，是确定建设项目及其建设方案的重要文件。设计任务书是建设项目列入建设的主要文件；是建设项目申请银行贷款的主要文件；是进行工程设计和其他准备工作的依据，各专业设计单位接受并进行建设总方案的专业设计主要是依据经批准备的设计任务书来进行；它还是项目建设过程中土地征用、拆迁工程招标、设备洽谈订货的主要依据。

2

把握设计合同签署要领，为工程

开工做准备

签订合同中很重要的一点是施工单位对主体资质一定要严格审查，诸如合同价款、竣工日期、合同结算、工程变更情况及处理、争议解决方式都要全面约定。

3

四大方案论证程序及其

评审标准

方案评审的标准是以人为本、考虑项目未来的管理以及为营销营造良好条件，照顾中国传统的建筑审美观念。

4

材料设备

选型及论证

在材料设备选型时要考虑设备的最初投资。并要顾及投资的合理平衡，不仅要考虑设备投资来源和投资费用大小，而且要顾及设备投资的回收期限和由于采用新设备带来的节约。

第一节 编写三大设计任务书

写作要点

第一，无论是设计方还是评审专家，他们的工作依据都是“设计任务书”；

第二，开发商设计意图不明确，往往会造成招标工作的错误，即使选定中标单位，也会造成设计返工，时间、精力的浪费，挫伤设计人员的创作热情，直接影响设计成果水平；

第三，可见，开发前期的精心策划既可以减少开发商的市场风险，又为设计的顺利进行提供了保证。

注意事项

第一，设计方案成果的好坏，不能用一种量化的标准来衡量，很可能由于不同的评委以及业主不同的条件，评选的结果会截然不同。所以设计拟提“方案竞选”，不应提倡招投标；

第二，方案竞选是对方案提出优缺点和优化意见，结合市场、经济、环境等效益提出改进建议，为业主提供参考。

链接

设计任务书是前期项目策划的成果，“凡事预则立，不预则废”。许多开发商由于不熟悉市场经济体制下的项目运作方法，缺乏对项目的整体把握、市场定位不准、投资安排不周、建设进度缺少计划，项目实施带有明显的随意性，往往遭到市场的摒弃。国内市场中之所以积压着大量的空置房，其中的重要原因，是由于发商的操作错误，即使在目前全国住宅市场稳定上升的情况下，这些楼盘由于总体布局、环境营造、房型设计、配套设施等方面的先天不足，仍不受市场的认可。

实用范本

湖滨公园景观设计任务书（昆山××高尔夫别墅）

1.项目基本情况

（1）项目简介

昆山高尔夫别墅项目位于昆山阳澄湖旅游度假区阳澄湖畔，坐拥阳澄湖及高尔夫球场双重景观，土地唯一性强，是不可多得的优质土地资源。昆山高尔夫别墅项目定位为度假主题的低密度社区，结合现有的景观资源创造亲近自然和休闲度假的氛围，开发及设计目标是成为长三角区域独具特色的高尚度假居住社区。

昆山××高尔夫别墅湖滨公园位于昆山××高尔夫别墅项目基地西侧，紧靠阳澄湖。东西宽100米（阳澄湖退界线100米），南北长958米（不包括北部示范公建区），总面积约为85421平方米。

该湖滨公园北部为项目示范公建区，东部为项目住宅用地，基地右侧有大上海国际高尔夫球场。基地标高一般在1.7～2.2米之间，基地地貌类型属泻湖沼泽平原地貌。

湖滨公园西侧为阳澄湖，阳澄湖为吞吐型湖泊，是太湖平原的第三大湖泊，西纳上游苏州来水，东出七浦塘、杨林塘、浏河入长江，受沿江引排水影响，流态比较复杂多变。

（2）湖滨公园基础资料

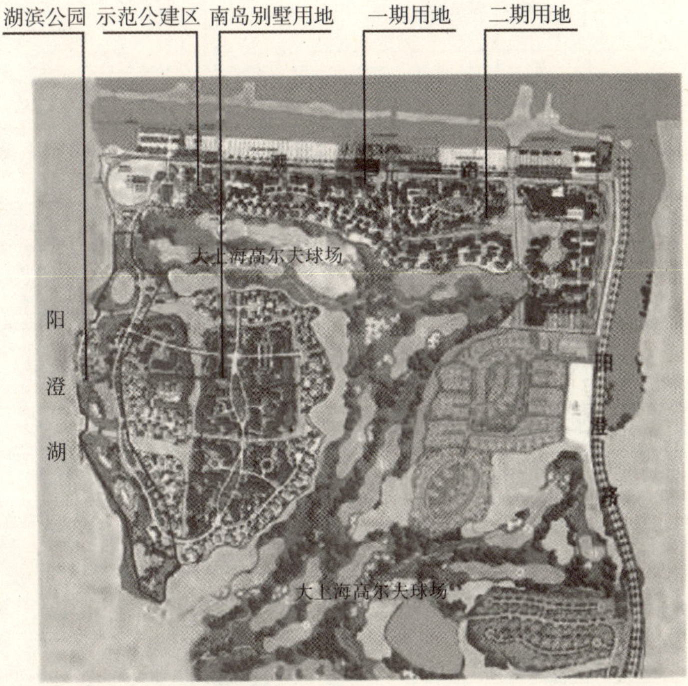

2.湖滨公园设计意向研究

甲方根据总体规划方案对湖滨公园进行了前期设计意向研究，可作为设计依据和参考。

3.湖滨公园景观设计要求

（1）设计目标

第一，度假型项目中的郊野公园；

第二，以保护自然为主，展示湿地生态系统的原生性；

第三，有别于一般城市中的观光、休闲公园，强调游客在郊外的旅游体验；

第四，建设一个满足游客休闲娱乐、运动健身及文化需求的自然公园。

（2）生态设计要求

原则上不破坏基地原有的地形地貌。保留部分原始生态林如合欢林、构树林，保留利用现有的有价值的物种，包括植物和动物，例如姿态好的成片生长的芦苇；

现状物种多样性较低且相对丰度很低，生态系统组成单一。不论从观赏角度或是基地本身的生态质量角度考虑都需要对物种加以补充；

对于基地内部受到侵扰和破坏的地区，采用生态技术措施进行恢复和重建。

（3）湖滨公园分区意向

分区	功能描述	相应的设施	备注
休闲运动区	体育及休闲运动的场所	环状自行车径、环状慢跑径、大草坪、儿童攀岩、健身活动场、游船码头、篮球场、儿童游戏场滑板场等	
自然景观保护区	自然河道和植被保留、欣赏体验自然生态	原生植被和河道保留区、水岸廊桥、木栈道、湿地探访路、浮桥、鸟类观察台、休息亭（提供望远镜）	没有有明确分区界限，与其他区域融合在一起
游览活动区	结合保留的自然生态，提供观赏游览的场所	漫步道、游船码头、烧烤场、大草坪、树林、观景亭、湖边木平台、亲子乐园、钓鱼台、景观桥、花架	
文化互动区	文化表演、自然展示及文化展示	文化互动舞台、自然及文化展示馆、自然及文化户外展示区	
会所区	岛上休闲会所——针对南岛别墅区服务	休闲会所、室外景观泳池、保留林带、瞭望塔	
湖岸线保护区域	生态保护、自然维持		限制游人活动

（4）道路系统设计要求

道路	数量	等级	备注
车行主干道	1	双向，车行道6m宽，附带有2m宽单边人行道	南岛居住区主干道
步行景观干道	若干	贯穿全区、以3m宽为宜、可有一定的变化	人行
环状自行车径	1		自行车
环状慢跑径	1		可与自行车道结合
木栈道	若干		

（5）娱乐设施设计要求

娱乐设施	数量	面积（m^2）	备注
烧烤区	2组	每组约100	为家庭、朋友聚餐提供场地
篮球场	1组	约600	非标准的篮球场，最好能与景观地形结合
滑板区	1组	400～450	配有观赏台或自然的观赏草坡，针对7～14岁少年
综合性健身场	2组	80～100	6～8组健身器械，针对青年与成年人
儿童游乐场	2组	每组约80	针对2～6岁儿童的小型设施3～4套
老年活动区	2组	每组约80	针对老年人群晨练、聊天、下棋，位置考虑集中绿化区
水景平台（或河滨散步林荫道）	若干		主要结合阳澄湖现有的良好的基地条件设置

（6）配套服务设施设计要求

配套项目	数量	建筑面积（m^2）	备注
①运动管理中心	1	约25	①②③可以组合，也可以独立结合进自然景观中，要求设计自然简洁
②公共厕所	2	每组约15	
③商业、零售店	1	每组约10	
公园标识系统	1套		
室外家具	若干		
停车场	2～3		每组可停20辆车左右

（7）设计成果要求

第一，设计说明（包括材料清单和苗木清单）；

第二，彩色总平面图、总体鸟瞰图；

第三，总平面索引图；

第四，总平面标高设计图；

第五，总平面铺装配置图；

第六，总平面苗木配置图；

第七，总平面灯具布置图；

第八，重点局部透视彩色图；

第九，重点区域的放大详图；

第十，重点园林小品的平立面设计图；

第十一，水体平、立面设计图；

第十二，植物种植图；

第十三，园林与建筑界面之立、剖面图；
第十四，材料及饰面图、样板；
第十五，雕塑及工艺品的初步设计图；
第十六，标识系统的初步设计图。

4.设计文件要求

方案及扩初阶段设计成果文件应包括下列内容：
第一，1：500总平面图6套；
第二，方案设计文本A3版幅6套（内容按设计要求）；
第三，设计文件的电子文件（以光盘形式提供）。
施工图阶段设计成果文件应包括下列内容：
第一，全套施工图蓝图12套；
第二，施工图设计文件的电子文件（以光盘形式提供）。

5.设计计划

第一，2005年6月30日甲方提供设计任务书给乙方，同时乙方开始设计；
第二，2005年7月30日完成概念方案设计；
第三，2005年8月30日完成景观方案设计；
第四，2005年9月30日完成景观扩初设计；
第五，2005年10月30日完成景观施工图设计。
请按上述时间计划将各阶段设计成果文件送交甲方。

第二节 把握设计合同签署要领，为工程开工做准备

写作要点

第一，签订设计阶段的合同中很重要的一点就是施工单位对主体资质一定要严格审查，这是法律规定的一个硬性条件；

第二，为了防止违约事由的出现，诸如合同价款、竣工日期、合同结算、工程变更情况及处理、争议解决方式都要全面约定，且施工单位不能在严重损害自己利益的情况下仍签订合同。

注意事项

第一，简单地说已经变成了一个风险管理的问题。至少在招投标过程中，不管是否有意识，对对方的信用程度、财备状况的考察已变成一个不可或缺的关键环节；

第二，合同模式的选择，对合同双方建立合作、信任的关系尤为重要。

链　接

签订设计合同应重视以下四个问题：

问题一：设计费的确定

合同当事人在确定设计费时，应遵循以下原则：首先，设计合同或相关文件中双方对设计费率予以确认的，应尊重双方当事人的选择。其次，在不能证明设计合同或相关文件中双方就设计费率达成一致的情况下，可以根据“工程设计收费标准”确定设计费。

问题二：定金条款的理解和适用

定金兼有成约定金和解约定金的性质。如果当事人双方同意对定金额度进行修改，该数额不能超过总设计费的20%，超过20%的部分只能作为预付款，而不具有定金的效力。当事人不完全履行合同时，可按比例适用定金罚则。

问题三：设计合理使用年限的确定

关于建设工程的设计合理使用年限，主要指建筑主体结构的设计使用年限。根据《建筑结构可靠度设计统一标准》GB 50068-2001和《民用建筑设计通则》GB 50352-2005的规定，建设工程的设计合理使用年限分为四类：对于临时性建筑，其设计使用年限为5年；对于易于替换结构构件的建筑，其设计使用年限为25年；对于普通房屋和构筑物，其设计使用年限为50年；对于纪念性建筑和特别重要的建筑结构，其结构设计使用年限为100年。

问题四：赔偿金的确定

需要由当事人确定赔偿金金额。而实践中相当一部分合同回避了本条关于赔偿金的约定，或空白、或划去、或直接删去关于赔偿金的规定。在当事人未对损害赔偿约定计算方法时，应当适用法律的规定。

实用范本

民用建设工程设计合同

工程名称：

工程地点：

合同编号：

（由设计人编填）

设计证书等级：

发包人：

设计人：

签订日期：

发包人：

设计人：

发包人委托设计人承担__________工程设计，经双方协商一致，签订本合同。

第一条　本合同依据下列文件签订

第一，《中华人民共和国合同法》《中华人民共和国建筑法》《建设工程勘察设计市场管理规定》；

第二，国家及地方有关建设工程勘察设计管理法规和规章；

第三，建设工程批准文件。

第二条　本合同设计项目的内容

设计项目内容表

分项目名称	建设规模		设计阶段及内容				估算总投资（万元）	费率（%）	估算设计费（元）
	层数	建筑面积（m^2）	方案	初步设计	扩初设计	施工图			

设计范围：施工图设计包含建筑、结构、电气、给水排水部分。

第三条　发包人应向设计人提交的有关资料及文件

资料及文件名称	份数	提交日期	有关事宜
规划红线图			
规划局批准文件			
地质勘探资料			

第四条　设计人应向发包人交付的设计资料及文件

设计资料及文件

资料及文件名称	份数	提交日期	有关事宜
施工图设计文件	12		协助甲方进行外饰材料选型定板及所有与政府相关部门的报批报建服务，施工图纸符合国家及××市规范深度要求
施工图电子文件	1		

备注：1. 如有套用，套用按4份提交；

2. 如甲方要求加晒图纸，按市场价进行收费。

A0：2.8元/张

A1：1.4元/张

A2：0.7元/张

A3：0.35元/张

第五条　本合同设计收费估算为人民币________元

付费次数	占总设计费（%）	付费额（元）	付费时间 （由交付设计文件的时间所决定）
第一次付费	20（定金）		本合同签订后10日内
第二次付费	40		施工图交付后10日内
第三次付费	20		施工图审核意见回复后10日内
第四次付费	10		主体竣工验收后10日内
第五次付费	10		工程竣工验收后10日内

说明：1. 提交各阶段设计文件后按上表约定期限支付各阶段设计费。
2. 本合同履行后，定金抵作设计费。

第六条　双方责任

1. 发包人责任

第一，发包人按本合同第三条规定的内容，在规定的时间内向设计人提交资料及文件，并对其完整性、正确性及时限负责，发包人不得要求设计人违反国家有关标准进行设计。发包人提交上述资料及文件超过规定期限15天以内，设计人按合同第四条规定顺延交付设计文件时间；超过规定期限15天以上时，设计人有权重新确定提交设计文件的时间；

第二，发包人变更委托设计项目、规模、条件或因提交的资料错误，或所提交资料作较大修改，造成设计人设计需返工时，双方除需另行协商签订补充协议（或另订合同），除重新明确有关条款外，发包人应按设计人所耗工作量向设计人增付设计费。在未签合同前发包人已同意，设计人为发包人所做的各项设计工作，应按收费标准，相应支付设计费；

第三，发包人要求设计人比合同规定时间提前交付设计资料及文件时，如果设计人能够做到，发包人应根据设计人提前投入的工作量，向设计人支付赶工费；

第四，发包人应委派赴现场处理有关设计问题的工作人员，并提供必要的工作、生活及交通等方便条件。

2. 设计人责任

第一，设计人应按国家技术规范、标准、规程及发包人提出的设计要求进行工程设计，按合同规定的进度要求提交质量合格的设计资料，并对其负责；

第二，设计人采用的主要技术标准符合国家及地方规范；

第三，设计合理使用年限为___年；

第四，设计人按本合同第二条和第四条规定的内容、进度及份数向发包人交付资料及文件；

第五，设计人交付设计资料及文件后，按规定参加有关的设计审查，并根据审查结论在不超出原定范围的内容的基础上作必要调整及补充。设计人按合同规定时限交付设计资料及文件，对开始施工的项目，负责向发包人及施工单位进行设计交底、处理有关设计问题和参加竣工验收；

第六，设计过程中和最终产生的设计资料及文件（即设计成果）的知识产权归发包人所有。设计人应保护发包人的知识产权，不得向第三方泄露、转让、擅自使用及允许他人使用发包人提交的产品图纸等技术资料及设计成果。如发生以上情况，设计人应承担相当于本合同设计费30%的违约金，如上述违约金不足以弥补发包人的经济损失，设计人应支付二者的差额。

第七条　违约责任

第一，在合同履行期间，发包人要求终止或解除合同，设计人未开始设计工作的，不退还发包人已付的定金；已开始设计工作的，发包人应根据设计人已进行的实际工作量进行结算，定金冲抵设计费；

第二，发包人应按本合同第五条规定的金额和时间向设计人支付设计费，每逾期支付一天，应承担支付金额万分之二的逾期违约金。逾期超过30天以上，设计人有权暂停下阶段工作，并书面通知发包人；

第三，设计人对设计文件出现的遗漏或错误负责修改或补充。由于设计人设计错误、遗漏较多，造成甲方项目施工需要返工或造成工程质量事故的，设计人应无偿采取补救措施，返工费用、修复费用由设计人承担，设计文件交付日以修改至符合合同及设计规范的设计文件提交日为准，设计人除免收遗漏、错误、受损部分的设计费外，还应承担合同金额30%的违约金。损失严重的根据损失的程度和设计人责任大小，设计人应向发包人支付赔偿金，赔偿金由双方商定为实际损失的100％；

第四，如乙方在本合同约定的时间节点未能提交该阶段设计成果，应当承担如下违约责任：逾期每5天为一个违约周期（含5天，不满5天按5天计；超过5天的，计入下一个周期，以此类推），每个违约周期内甲方有权扣除本阶段设计费的20%作为违约金，违约金计算至乙方完成本阶段设计成果为止。如该阶段设计费不足以支付违约金的，甲方有权从下一期设计费中扣除或直接要求乙方支付。上述违约金支付后，合同继续履行。乙方逾期交付任何一阶段设计成果达15天的，甲方有权解除合同，发包人可不支付设计费用，已经支付的费用由设计人返还给发包人，设计人应承担合同金额30%的违约金，如上述违约金不足以弥补发包人的所有损失，设计人应支付其差额；

第五，合同生效后，设计人要求终止或解除合同，发包人有权要求设计人双倍返还定金或要求设计人承担设计费用30%的违约金，如上述违约金不足以弥补给发包人造成的所有损失，设计人应支付其差额；

第六，由于设计人原因（包括但不限于设计深度不够，设计不符合有关规划、规范、标准的规定）致使设计成果未能通过政府规划部门或施工图审查机构审查的，设计人应立即无偿修改或重新设计，交付时间不顺延；如修改后仍无法通过上述部门的审查的，发包人有权解除合同，另行委托第三方设计，发包人可不支付设计费用，已经支付给设计人的费用须返还给发包人，设计人应承担合同金额30%的违约金，如上述违约金不足以弥补发包人的所有损失，设计人应支付其差额。

第八条　其他

第一，发包人要求设计人派专人留驻施工现场进行配合与解决有关问题时，双方应另行签订补充协议或技术咨询服务合同；

第二，设计人为本合同项目所采用的国家或地方标准图，由发包人自费向有关出版部门购买。本合同第四条规定设计人交付的设计资料及文件份数超过“工程设计收费标准”规定的份数，设计人另收工本费；

第三，本工程设计资料及文件中，建筑材料、建筑构配件和设备，应当注明其规格、型号、性能等技术指标，设计人不得指定生产厂、供应商。发包人需要设计人配合加工订货时，所需要费用由发包人承担；

第四，发包人委托设计配合引进项目的设计任务，从询价、对外谈判、国内外技术考察直至建成投产的各个阶段，应吸收承担有关设计任务的设计人参加。出国费用，除治装费外，其他费用由发包人支付；

第五，发包人委托设计人承担本合同内容之外的工作服务，须另行支付费用；

第六，由于不可抗力因素致使合同无法履行时，双方应及时协商解决；

第七，本合同发生争议，双方当事人应及时协商解决。协商不成的，可向发包人所在地人民法院起诉；

第八，本合同1式___份，发包人___份，设计人___份；

第九，本合同经双方签章后生效；

第十，本合同生效后，按规定到项目所在省级建设行政主管部门规定的审查部门备案。双方认为必要时，到项目所在地工商行政管理部门申请鉴证。双方履行完合同规定的义务后，本合同即行终止；

第十一，本合同未尽事宜，双方可签订补充协议，有关协议及双方认可的来往电报、传真、会议纪要等均为本合同组成部分，具有与本合同同等的法律效力。

第九条　其他约定事项

第一，约定的设计主创人员不得变更，其他设计人员若更换须取得发包人的同意。如发现设计主创人员变更的，发包人可解除本合同，发包人可不支付设计费用，已经支付的须返还给发包人，设计人应承担合同金额30%的违约金，如上述违约金不足以弥补发包人的所有损失，设计人应支付其差额。擅自变更其他设计人员，可向设计人收取1000元/人次的违约金。项目主创人员及其他设计人员应参加各种会议，因故不能参加的应提前24小时向发包方提出申请并在获得发包方批准后方可缺席，否则设计人向发包人支付500元/人次违约金；

第二，设计人已经交付施工图后，因发包人设计变更而需要设计方重新出图的，设计变更收费按照如下方式计算：设计变更未改变原有结构设计的，发包人不另行支付费用；设计变更改变原有结构设计的，发包人按照设计人实际修改施工图所耗费工作量的30%付费；

第三，设计人设计成果应当符合国家、省市的设计规范要求，同时应充分考虑合理性和人性化，否则，设计变更费用由设计人承担，交付日期不顺延，同时发包人及施工单位按图施工后遭受购房人投诉、索赔的，所有损失均由设计人承担；

第四，如设计人为非本省市企业的，应注意该项目设计规范和标准除按照国家规范、标准外，还应当适用项目所在地的地方性设计规范及标准；

第五，在该项目交付给买房人前，设计人应指定设计人员负责配合发包人解决有关问题。设计人在接到发包人通知（电话或传真）后24小时内必须作出回应并派专人前往解决，否则设计人应当承担5000元/次的违约金；

第六，设计成果涉及的材料，设计人应负责提供样品并由双方封样。设计成果包括立面效果图及施工图模型；

第七，设计人与本项目其他设计单位（如有）、施工单位、监理单位应当在设计交底及施工过程中对设计成果是否符合设计规范、是否合理进行相互监督，否则发包人遭受的损失由责任方负责赔偿；

第八，本合同对设计人的违约金、罚款及合同规定的应扣款项在当期设计费中扣除，如上述费用不足以弥补发包人的损失，设计人还应当支付两者差额。

第三节
四大方案论证程序及其评审标准

论证要点

四大方案包括：规划设计方案、建筑方案、施工图方案和景观方案。

第一，项目论证是指对拟实施项目在技术上是否可能、经济上是否有利、建设上是否可行所进行的综合分析和全面科学论证的技术经济研究活动。其目的是为了避免或减少项目决策的失误，提高投资的效益和综合效果。

第二，论证方案有三个方面的问题：一是工艺技术；二是市场需求；三是财务经济。市场是前提，技术是手段，核心问题是财务经济，即投资盈利问题。其他一切问题，包括复杂的技术工作、市场需要预测等都是围绕这个核心，并为此核心提供各种方案。

注意事项

第一，要从咨询的立场上或者说是中立的立场上评价项目。因为在一个计划项目中往往涉及许多利害关系，因此就应由身份各异的利害相关者从不同的角度评价项目。而在这些相关者中，与最初的意志决定有关的就是咨询者对项目进行直接调查的项目论证。

第二，决策是否正确，只有通过对比才能作出判断。这是因为好与坏、优与劣是相对比较而言的。所以，如果没有多种可供实施的方案，当然也就不存在优化选择的必要，多种可供选择的方案实际上是我们进行评价选优的前提。

第三，每一种方案所实施的后果各有不同，项目论证的目的之一就是分析各方案在不同情况下所产生的后果，通过对每一方案的投入、经营费用及收益的综合分析与评价，就可对各方案进行优劣排序。

第四，对所论证的项目应该考虑其可能实施的具体措施，如果没有提出如何实施所论证的项目，那么对该项目的论证就没有任何价值。

链　接

在设计阶段，应采用科学的理论方法加强方案经济论证，对设计方案进行优化选择，不仅从技术上，更重要的是从技术与经济相结合的角度，进行充分的论证。在方案的比选时，可以采用成本效益分析方法。在满足工程结构及使用功能的前提下，依据经济指标选择设计方案。而设计方案一经确定，可采用价值工程方法，尽量降低不必要的工程造价。价值工程就是通过对产品的功能分析，使之以最低的总成本，一方面可靠地实现产品的必要功能，另一方面通过功能细化，把多余的功能去掉，对造价高的功能实施重点控制，从而最终降低工程投资。

实用范本

范本一　论证规划方案评审指引

工作指引名称	编号								
项目规划设计方案评审指引	修改状态							页数	

1. 适用范围

适用于规划设计阶段、公司相关部门对规划设计方案的评审：

第一，评价规划设计方案是否满足项目开发目标的需要；

第二，初步选择规划设计方案。

2. 评审方式及要求

（1）评审方式

项目规划方案评审采用会议评审的方式进行，项目组负责人负责制订评审会议计划，明确评审会议召开时间、参加人员、地点及议程安排。

（2）评审要求

评审会一般由项目负责人负责主持，并指定相关专业人员进行记录，至少2/3以上项目决策成员及以下人员参加：公司总经理、设计研究院经理；公司负责发展规划的相关人员；由公司邀请的有关专家。

（3）提前通知会议相关要求

规划方案评审会议计划应至少提前1周通知参加人员，会议评审资料应至少提前1天发放给参加评审会议的人员。

（4）评审会议所需资料

项目可行性研究报告；项目开发计划书；项目调研报告；规划设计指引；规划设计方案（至少3家设计单位提供）；规划设计招标文件；规划设计任务书；地形模块（需要时）；周边竞争楼盘的材料设备资料以及本项目的材料设备计划；其他资料。

3. 评审议程及结论

第一，由项目负责人对“项目规划设计指引”进行讲解，重点介绍项目背景、公司对项目规划方案的方向性设想、存在的问题及项目操作难点等内容（此时投标单位应不在会场）；

第二，由各投标单位分别介绍方案，并留出20分钟左右的提问时间；

第三，与会者就投标方案发表意见，主持人应注意控制讨论范围集中于“项目规划设计方案简评表”中所列的条款，以便形成具有倾向性的专业意见；

第四，方案评定采用与会人员记名投票打分的方式进行，“项目规划设计方案简评表”中每一单项满分为10分，由投票人分别就每一方案给出各项得分；

第五，各单项间权重由公司总工程师采用分层比较法，针对该项目予以确定。项目负责人负责收集、计算分层比较结果，得出各单项权重系数；

第六，使用权重系数统计各方案投票得分，并根据得分进行排队。前两名方案得分相差10%以内，由总经理确定其中之一作为中选方案。当前两名得分相差超出10%，应取最高分作为中选方案。

4. 评审纪要

第一，评审会结束后3天内，项目组应做好规划方案评审会纪要，填写“规划设计方案简评表”，总结分析对各规划方案的评审意见及评分，并填写“规划方案评定表”，一并报项目决策委员会审批；

第二，初选规划方案经项目决策委员会审议通过后，由设计研究院负责以公司公函形式发出通知，知会规划设计单位、项目所在公司和各位与会人员；

第三，未能通过项目决策委员会审批时，应重新组织规划方案设计和评审。

实用范本

范本二　建筑方案论证设计指引

第一章　总则

第一条　编制说明

本指引旨在规范公司住宅产品设计任务书的编制；其深度为指导建筑方案和施工图纸的深度，按一次到位精装修交房考虑；由规划设计部负责解释。

第二条　适用范围

适用于4～6层、12层以内小高层①，一梯两户、144m²以下户型的住宅单体设计；也适用于××市及其周边地区开发密度和产品品质相近的项目。公司其他异地项目可以参照本指引的有关条款制定符合当地条件的设计指导文件。

第三条　编制依据

本指引的技术依据为现行的有关国家标准和地方标准。

1．国家有关标准

《民用建筑设计通则》；
《住宅设计规范》；
《建筑防火规范》；
《高层民用建筑防火规范》；
《工程建设标准强制性条文》；
《居住区规划设计规范》。

2．行业标准

《商品住宅性能评定方法和指标体系》。

3．公司以往房地产项目的开发经验

① 12层以内的小高层，为业内通用说法。《民用建筑设计通则》GB 50352—2005中，已无“小高层”之分类。7～9层为中高层；10层以上为高层。——编辑注

第二章　住宅户内设计

第一条　入户门及住宅入口

1．不设入户花园

入户门外暗装门铃按钮，底边距地1300毫米；距门洞边250毫米；室内门铃明装，底边距地2300毫米；入户门应具备防盗功能，门洞高2100毫米，门洞宽按两种考虑，子母门宽1300毫米，单扇门宽1000毫米（门扇净宽900毫米）；避免入户门正对户内卫生间门或户外管井门；入户门应设墙垛，垛宽不小于50毫米，可能情况下垛宽200毫米，门内应装门碰；入户门门扇采用多点锁、装猫眼，采用铜质或其他高强合页；锁具、门、闭门器、猫眼、合页的品牌应有明确选择范围；

房间号牌宜设于门洞上方；入户门门扇的形式、色彩等应与楼梯间、公共走道的设计风格相协调；多层住宅入户门应避免紧贴楼梯台阶，应留有600毫米的缓冲距离；应避免两户间的户门在平面上相互垂直紧贴使门扇开启受到干扰。

2．设入户花园

入户花园的面积扣除走道后不宜小于8平方米，直接对外采光通风面宽不小于2400毫米；入户花园宜做结构降板300毫米设计，可结合花槽解决入户管道埋设问题；入户花园可以起门廊作用，鞋柜可以设计在花园内；配电箱可以安装在花园内合适的墙上；

第一道入户门（在楼梯厅与入户花园之间）起防盗作用，门洞高2100毫米，宽1300毫米；第二道门（入户花园与客厅之间）采用玻璃推拉门，门洞高与窗顶高相平；入户花园要考虑照明和给水排水设施；其他要求与不设入户花园户型相同。

3．入户玄关

三房及以上户型尽量设入户玄关，并预先考虑鞋柜位置，鞋柜深300毫米；入户玄关的走道净宽度不小于1200毫米（不包含鞋柜位置）；玄关天花中央明装吸顶灯，在门开启方向一侧暗装照明开关，底边距地1300毫米；在门开启方向一侧安装对讲机，底边距地1300毫米（如选用挂墙式对讲机可只预留标准接线盒86毫米×86毫米），对讲机距门边的距离宜大于400毫米；可能情况下暗装住户弱电分线箱，底边距地300毫米。

第二条　客厅、餐厅设计

客厅面积不应小于18平方米，开间不宜小于4200毫米，应有良好的朝向或户外景观视野；客厅、餐厅合设时，120平方米以上户型应不需要通过厨房便能形成对流穿堂风，其开间与总进深之比不宜小于1：2。

无入户花园时，电视墙宜面对住宅入口，有入户花园时沙发宜面对入户花园；客厅正/侧面设生活阳台，其进深不应小于1500毫米。考虑家具的合理布置，客厅布置沙发一侧墙面长度不宜小于3米，正面通往阳台落地窗一侧应设宽度不小于550毫米的墙垛。尽量控制直接开向客厅、餐厅门的数量；面积在18～30平方米的客厅采用分体空调，暗装插座距侧墙边200～300毫米，底边距地2000～2200毫米，冷媒管穿墙留洞直径80毫米，中心距地2300毫米，向外倾斜2%；面积大于30平方米的客厅应考虑摆放空调柜机，暗装插座距地高度300毫米，留洞中心距地250毫米，直径80毫米，向外倾斜2%。

客厅电视墙设电视插座，并设4组其他电器插座；沙发墙暗装电话、信息插座，并暗装4组其他电器插座；其他墙面应保证3米之内有插座，以上插座安装高度均为底边距地300毫米。设吸顶灯，开关暗装设于与玄关相接处，底边距地1300毫米；设紧急按钮，安装于沙发侧角处，底边距地600毫米；预设安装红外探测器需要的管、盒，底边距地2.30米，不装设备。

第三条 卧室设计

卧室床的尺寸应满足下列要求：

主卧：1800毫米×2000毫米

次卧双人：1500毫米×2000毫米

次卧单人：1000毫米×2000毫米

工人房：900毫米×1900毫米

三房户型主卧开间不应小于3600毫米，面积不应小于16平方米，主卧卫生间不应小于4.5平方米，主卧宜设步入式衣帽间，衣柜深600毫米；大次卧面积不应小于12平方米，另一小次卧面积不应小于8平方米。卧室门宜采用实心夹板门，门洞高2100毫米，宽900毫米；卧室及衣帽间天花中部装吸顶灯，开关暗装于卧室入口，底边距地1300毫米。

床头对面墙暗装电视插座，并预留两组其他插座，安装高度均为底边距地300毫米；主卧室床头对面墙暗装网络插座，底边距地300毫米，次卧室在相同位置预留网络通信管道，不装设备；床头柜后暗装电话插座，床头侧墙预留两组其他插座，安装高度均为底边距地3000毫米。

第三面墙预留一组插座，底边距地300毫米，床头暗装开关面板，底边距地600毫米；床头柜上方暗装紧急按钮，底边距地600毫米。

分体空调布置应避免直吹床头，暗装插座距侧墙边200～300毫米，底边距地2000～2200毫米，冷媒管穿墙留洞直径80毫米，中心距地2200～2300毫米，向外倾斜2%。

第四条 厨房设计

厨房面积不应小于6平方米，单侧布置操作台时开间不应小于1800毫米，双侧布置操作台时开间不应小于2400毫米；厨房宜采用实心夹板门，门洞高2100毫米，宽800毫米；厨房必须配置服务阳台。厨房须配置以下电器：抽油烟机（插座暗装于吊橱内，底边距地2000毫米）、冰箱（插座暗装，底边距地1300毫米）、电饭煲（插座暗装于操作台面上，底边距地1000毫米）、消毒柜（插座暗装于操作台面下，底边距地500毫米）、微波炉（插座暗装于操作台面下，底边距地500毫米）；厨房另外预留3组备用插座，底边距地1000毫米；各类开关面板统一高度为底边距地1300毫米。

冰箱预留位不应小于800毫米×800毫米。燃气报警器暗装于炉灶下方，底边距地300毫米。天然气报警器安装于吊顶；厨房如设烟道应注意烟道的平面位置，使进户燃气管不绕烟道走，同时烟道也不可与冰箱位置相邻，烟道的最小留洞尺寸参见厂家要求，烟道应在楼板处接缝。

厨房操作台总长度不宜小于2600毫米，各部分长度应满足以下要求：

	面宽（毫米）	进深（毫米）
准备台	300	≥550
洗涤台（双星盆）	700	≥550
调理台	500	≥550
灶台	800	≥550
配餐台	300	≥550

厨房橱柜应连续，橱柜应与厨房的窗顶高度相适合，橱柜设计应符合使用要求，避免遮挡窗户；与服务阳台连通门为平开门的厨房不设地漏，厨房与餐厅、厨房与服务阳台的结构板面高差应不小于50毫米；厨房吊顶高度按H-400毫米考虑（H为层高）；厨房应设与门框等宽门槛石，高出厨房地坪10毫米；厨房地面防水做法：此处略；厨房排水管在楼板面上侧墙式敷设并与服务阳台上的排水立管接驳；尽量在厨房考虑弱电箱位置。

第五条　卫生间设计

卫生间一般按降板设计，结构降板350毫米，并应避免有梁穿过卫生间。当受条件限制不能降板时（如复式上层），应采用后出水坐便器与侧排地漏；卫生间吊顶完成面高度不应小于2300毫米；卫生间宜采用实心夹板门，门洞高2100毫米，宽800毫米；公用卫生间面积不小于3.5平方米，3件洁具可按以下尺寸考虑：台盆宜设独立空间（550毫米×850毫米×800毫米）、淋浴间（不小于850毫米×1000毫米，淋浴花洒固定件中心距地2150毫米，淋浴屏风高1900毫米，屏风应避免过大悬挑，下方门槛高出地面20毫米）、坐便器（净空不应小于800毫米×1200毫米），一般结合洗衣机位（700毫米×700毫米）共同设计。

主人卫生间面积不应小于4.5平方米，4件洁具可按以下尺寸考虑：台盆（550毫米×850毫米×800毫米）、浴缸（1500毫米×750毫米×450毫米，浴缸设扶把，底边距地700毫米）、淋浴间（不小于850毫米×1000毫米，淋浴花洒固定件中心距地2150毫米，淋浴屏风高1900毫米，下方门槛高出地面20毫米）、坐便器（净空不小于800×1200毫米）；顶层复式住宅主人卫生间面积不小于5平方米，应考虑按摩浴缸（1520毫米×1520毫米×600毫米）；结合步入式衣帽间布置，衣柜深600毫米；

卫生间应设车边防雾玻璃镜（底边距地900毫米）、镜前灯（暗装，中心距地2150毫米）、厕纸盒（坐便器侧，盒中距地700毫米）、毛巾杆（洗手盆侧，底边距地1550毫米）、浴巾架（淋浴间侧，底边距地1800毫米）、挂衣钩（淋浴间侧，底边距地1550毫米），位置的设置避免与插座冲突；卫生间窗上半部为固定扇，下半部为平开扇，装长铰链，排气扇安装在固定扇玻璃上，插座就近暗装，底边距地2300毫米；窗扇总面积不小于0.6平方米。

淋浴间设专用地漏，位于淋浴头下部一角，孔中心距墙150毫米；卫生间地漏设于淋浴间与坐便器之间；洗衣机采用专用地漏；地漏（100毫米×100毫米）均作P形存水弯；坐便器去水口中心距土建墙面305毫米；洗手盆侧预留带防溅盖板的电吹风插座，距地1300毫米；浴缸下方设浴缸检修口200毫米×300毫米，面贴瓷砖与浴缸裙边统一。

各卫生间排污横管穿过下沉地面的外侧梁/墙预留洞与外墙的排污立管接驳，应避免排污立管穿过卫生间室内；卫生间墙体根部以上浇筑200毫米高与墙同厚的C20素混凝土；卫生间应设与门框等宽门槛石，高出卫生间地坪10毫米；卫生间防水做法：采用两道防水做法，降板处采用1.2毫米厚911防水涂膜，四周上翻至卫生间地面完成面标高，地面处采用1.0毫米厚聚合物水泥基防水涂膜沿墙上翻300毫米，浴缸位置上翻650毫米，淋浴位置上翻1800毫米，门口处铺出300毫米宽；卫生间地面铺贴防滑地砖，墙面瓷砖到吊顶上方，应考虑各类开关面板、检修口等与墙面瓷砖分缝的位置关系；洗手盆排水管采用硬管丝扣连接。

第六条　走道

通向卧室、客厅的走道净宽不应小于1000毫米，通往厨房、卫生间、储藏室的过道净宽不应小于900毫米，当走道长度超过4000毫米时，应加宽至1100毫米，并暗装一组插座，底边距地300毫米；

走道两侧各个房间、走道的门洞顶高应保持一致，统一定为2100毫米。

第七条　贮藏空间

储藏空间的面积不应小于2平方米，独立贮藏空间应预留灯位、插座各一处；储藏空间的位置宜靠近入口、厨房或服务阳台。

第八条　阳台、露台设计

大阳台宜按反梁式结构设计，外三边设浅截水沟；生活阳台面积不小于4.5平方米，推拉门两侧宜留不小于550毫米的墙垛，一、以遮挡雨水管，二、便于空调穿管，三、便于厅内家具摆放；服务阳台面积不小于3平方米，进深不小于1200毫米，在服务阳台设防风型燃气热水器、燃气计量表、洗衣机给口水和拖布池给口水，空调室外机等应与厨房开窗协调，合理设置，保证厨房可开启窗扇宽度不小于900毫米，窗台高不应小于1000毫米，开启方式应有利于通风换气。

两户间的阳台如果紧邻，应有视线阻挡措施和防攀爬措施；阳台铝合金推拉门下框轨道面距结构楼面高度不小于50毫米，便于装修时贴木地板或石材，推拉门轨道与装修完成面平齐；阳台处所有的墙面做法应根据外立面做法统一确定，外墙立面应有平面图说明各个内凹面的材料做法。阳台天花采用外墙防霉涂料。

复式住宅的下层阳台上部应有挡雨设施；空调穿墙管避免与雨水管冲突；阳台在客厅侧面时，应避免卧室空调穿墙管横过阳台门的亮子，具体布置出详图；阳台的扶手顶部应避免充做平台，以防止摆放物品坠物伤人。

如以屋面作为上层露台，做完防水层和保温层后，露台标高高于室内地面时应加设门槛，防止雨水灌入室内；房间出露台的出口应设小雨篷，防止雨水灌入室内。上下两层错开的阳台，应避免相互间的视线干扰。

阳台护栏净高度从可踏面算起1100/1150毫米（多层/小高层），栏杆的垂直杆件间净距应小于110毫米，外围翻边与阳台完成面高差严禁小于100毫米；外露栏杆采用钢构件时，应当采用配套工序的防锈饰面处理，并避免在焊接等过程中破坏防锈面层；对阳台、露台栏杆、扶手等的生产厂家进行调研、设计，工厂化生产，现场装配；每户应有一个有充足日照的阳台，并设置晒衣架，高度控制在1100毫米；阳台、露台宜设给水点，并充分考虑排水顺畅。

第九条　户与户之间的安全性要求

两户的阳台或房间窗紧邻时，应将隔墙伸出200毫米，防止攀爬。

第十条　户型的灵活性

客厅与相邻的卧室宜可分可合；无书房的主卧与相邻或对面的小卧室宜可连通；相邻的两个小户型或一大一小户型应考虑打通的可能性。

第十一条　首层住户特别设计

第一，首层住户各入口应设门禁，公共楼道主入口门内设对讲机，花园次入口设门铃；私家花园应设置给水排水设施，预留电管并设置防溅盖板的电源插座，底边距地600毫米；

第二，水表箱应避免设在私家花园；

第三，雨水、污水的第一个检查井应避免设在私家花园里；

第四，私家花园的面积应实地测量。

第十二条　顶层住户特别设计

第一，当顶层为复式时，客厅的窗应通高，客厅上部空间不应露梁；

第二，顶层复式上层卫生间在下层厅房之上时，为保证下层厅房天花平整，上层卫生间不降板，并采用后排水洁具和侧排水地漏；

第三，复式厨房与标准层不对位时可不做烟道而采用水平排放的方式；

第四，如有烟道，出口应高于屋顶私家花园屋面3000毫米；

第五，顶层住户的私家花园应有给水排水，私家花园出入口设防雨设施并预留带防溅盖板的电源插座。

第十三条　空调搁板设计原则

第一，空调室外机位净尺寸（宽×深×高）：1000毫米×600毫米×800毫米；双机平行摆放时为2000毫米×600毫米×800毫米；应避免雨水管穿空调板，当不可避免时空调板应加大；

第二，平面图中应标示空调板定位尺寸；

第三，当空调板旁有雨水管时，冷凝水立管与雨水管合用，独立设置时为Φ50的PVC管，一般情况下不预埋；

第四，空调隔板的设计应考虑通风散热，隔板外应安装装饰栏杆；

第五，设计应统一考虑空调机外接管线与外立面、内装修的关系，并出详图指导施工。

第十四条　室内空调机设计

第一，尽量缩短室内机和室外机的连接长度，如有条件，室内机直接背出；

第二，冷媒管避免遮挡门窗；

第三，室内机应避免直吹床头；

第四，室内机位不应妨碍布置衣柜、书架等高大家具。

第十五条　门窗设计要求

1. 门

门洞尺寸详表

位置	宽（mm）	高（mm）	备注
入户	1300/1000	2100	—
房间	900	2100	实心夹板门
厨、卫、储藏	800	2100	实心夹板门
上露台、阳台门	800	2100	铝合金门
门连窗、推拉门	—	2100	通向阳台/入户花园的玻璃门可开启面积不应小于总面积的50%

第一，户门应装门碰，户门门扇下部应距毛坯房楼面45毫米，便于装修；

第二，卧室、书房门应装门碰；

第三，所有门洞必须设门垛，垛宽宜为100～150毫米，且不得小于50毫米。

2. 窗

第一，窗的设计应考虑建筑节能要求；

第二，凸窗下部固定扇及7层以上可开启扇均应采用安全玻璃，从窗台面算起900毫米高范围内应有可靠的安全防护措施；

第三，小高层和复式通高大窗的玻璃分格须经风压计算后确定玻璃的厚度及是否须钢化。避免分格高度与人视线同高；

第四，当采用着色中空玻璃时，外层为着色或镀膜玻璃，内层为普通玻璃；

第五，窗的开启方向应方便擦窗与安装空调，开启扇设置应保证开关方便，开启扇的面积应满足通风要求；

第六，不宜采用推拉窗，建议采用平开窗或上悬窗，且平开窗扇宽度不可大于700毫米；

第七，不宜采用塑钢门窗，若选用时，应对材质和五金件提出具体要求并采取措施保证开启扇的直角强度；

第八，铝合金窗型材一般采用70系列，壁厚不小于1.4毫米，表面处理为静电粉末喷涂或氟碳喷涂工艺，涂层厚度应满足要求。门窗及五金配件选用应注意铰链、传动器、执手、密封条、螺钉（栓）的质量与品牌。

第十六条　各部分标高关系

各部分标高关系表

部位	建筑标高（毛坯）	结构标高
厅房	H	H-0.050
厨房	H-0.02	（H-0.02）-0.03
卫生间	H-0.02	（H-0.02）-0.35

续表

部位	建筑标高（毛坯）	结构标高
生活阳台	H-0.05	（H-0.05）-0.10
电梯厅（楼梯间）	H-0.02	（H-0.02）-0.03
楼梯间休息平台	（H-0.02）-0.01	[（H-0.02）-0.01] -0.02
露台（下层无主要房间）	H-0.05	H-0.05-0.05
露台（下层有主要房间）	（H-0.05）+构造厚度	H-0. 050
电梯门洞	（H-0.02）+0.01地面标高	——
服务阳台	（H-0.02）-0.03	[（H-0.02）-0.03] -0.05

注：根据建筑层高要求确定，层高一般取2900～3000毫米。

第三章　住宅公共空间

第一条　入口、雨篷、设备及装置设计要求

第一，单元入口应设3级踏步宽度300毫米、高度不大于150毫米的台阶，入口大堂应高于室外地坪，单元入口室外踏步平台应比室内平台低10毫米，且向外找坡1%，最好有明沟排水；

第二，大堂应尽量考虑自然通风采光，可结合车库进行通高生态大堂设计，不完全封闭的大堂应考虑防雨、排除积水和地面防滑；

第三，门锁、闭门器、地弹簧采用品牌产品，门扇采用不易变形的品牌产品。门窗应有详细设计，型材安全性、玻璃安全性应经过专业计算，并满足建筑设计的要求；

第四，信报箱要有专用位置，信报箱的深度应可投放大16开本杂志。信报箱在大堂内时，可考虑外投内取；信报箱在架空层时，应有照明，方便晚间取信；也可考虑在组团内出入口的必经之地将各栋楼的信报箱集中设置，做好防雨措施，并提供充足照明；

第五，对讲机不可淋雨，可结合雨篷统一考虑避雨措施；

第六，玻璃雨篷须采用安全玻璃，考虑到入伙装修时雨篷易遭破坏，应采取适当的临时保护措施，雨篷必须有坡度并有组织排水，可使其自然清洁，并可方便冲洗；

第七，应考虑无障碍设计；

第八，低层、多层住宅单元入口其他要求：入口门母扇为顺时针方向向外开启，子扇为逆时针方向向外开启，对讲机安装在子扇一侧的墙上；

第九，小高层住宅单元入口其他要求：入口门应等宽外开。

第二条　底层门厅、电梯厅设计要求

1. 多层住宅

第一，梯口梁下高度应不低于2000毫米；

第二，梯口不宜紧邻入户门；

第三，电表箱、水表箱、消火栓的位置应妥善安排，并注意美观，有地下室的，电表箱可设于地下室，无地下室的建议在楼梯平台下做半地下室；

第四，门厅的装修标准应高于其他各层，门厅的面积应为25～30平方米。

2．小高层住宅

第一，首层楼梯间设门，以保持空间的完整；

第二，尽量避免在电梯前室主墙面开门（管井、楼梯间门）；

第三，电表箱、水表箱、消火栓的位置应妥善安排，并注意美观，无地下室时电表箱可设在架空层专用电表间内；

第四，门厅的装修标准应高于其他各层，门厅的面积应为30～50平方米。

第三条　公共楼梯设计要求

第一，楼梯间净宽2400毫米，设电梯时踏步宽不小于260毫米，高度不大于175毫米，不设电梯的多层住宅踏步宽不小于270毫米，高度不大于170毫米；

第二，楼梯扶手高度从踏步前沿算起不小于900毫米，楼梯水平段栏杆长度大于500毫米时，其扶手高度1050毫米，楼梯栏垂直杆件间净空不应大于110毫米，梯段结构宽度应为1150毫米，梯段净宽不应小于1100毫米，楼梯平台和梯段净宽是指墙面至扶手中心的距离，注意消火栓的摆放位置；

第三，楼梯间为敞开式时，应采取措施防止台风时雨水飘入楼梯间，并设地漏，楼梯间地砖应考虑防滑，同时应防止从楼梯间攀爬至户内的可能。

第四条　电梯设计要求

第一，电梯井的“底坑”与“顶层”高度应能满足主要品牌的技术要求；

第二，电梯轿厢地面应比电梯厅地面高10毫米；

第三，电梯轿厢净高增至2400毫米，方便大件物品搬运；

第四，电梯轿厢如采用石材地面，石材的荷载应预先考虑，并预留20毫米高差；

第五，电梯轿厢内饰面应有统一、专门的设计；

第六，首层消防电梯注意预留消防按钮；

第七，电梯机房的通风窗与排风扇应形成对流，通风窗不要布置在迎风面，应考虑采用防雨通风百叶窗和通风扇；

第八，电梯均考虑通达地下车库。

第五条　标准层公共部分设计要求

第一，敞开式过道、走廊、电梯厅应注意台风时飘雨现象，地面采用防滑材料，找坡并设地漏；

第二，公共花池须考虑浇花和排水设施；

第三，应避免从公共空间跨越或翻爬至户内，尤其注意防止从栏杆、水平挑板等处跨越；

第四，公共空间的灯具应适量布置，以降低管理成本；

第五，公共空间应留足消火栓的安装位置；

第六，电梯厅内当消火栓、管井等在一起布置时，管井门顶高、消火栓顶高应保持一致；

第七，小高层宜设管道竖井，多层住宅可考虑设管道竖井，使立面更美观，也为增加管线预留空间。竖井均应做不低于100毫米的C15素混凝土门槛；

第八，公共空间的护栏高度从可踏面算起为1050毫米；

第九，小高层疏散楼梯间入口处的防火门净宽应不小于900毫米，考虑防火门门框厚度等因素，设计洞口尺寸应达到1050毫米。

第六条　屋面设计要求

第一，烟道高出屋面的距离不宜小于2000毫米，烟道设防风雨罩（参照专用图集），防止风雨倒灌，保证排烟效果；

第二，屋面的燃气表箱一般安装在女儿墙内挑压顶底部，为避免儿童攀爬，女儿墙压顶应向内延伸盖住燃气表箱，燃气管尽量藏至女儿墙压顶范围内，避免踩踏攀爬；

第三，屋面防水（此处略）；

第四，雨水管避免过多弯头，当遇到建筑腰线或其他突出墙面的装饰物时，雨水管应直通而不应绕行，以免堵塞和产生噪声；

第五，屋顶机房应设爬梯，便于检修，爬梯应有防止儿童攀爬的措施；

第六，女儿墙防护净高度不小于1100毫米；

第七，结合建筑设计设置避雷带。

第七条　架空层设计要求

第一，架空层的柱子进行转换下落后，应保持架空层各个方向的通透性及柱网的相对规整，建议做高梁转换；

第二，架空层内的管线应合理安排平面及竖向位置，适当遮挡，避免影响架空层美观；

第三，架空层内的顶棚、墙面等做法应在立面设计中完成，不要遗漏。

第八条　墙体设计要求（此处略）

第九条　夜间形象设计要求(此处略)

根据项目所在具体位置，考虑是否做灯光效果。

第四章　建筑立面设计

第一，建筑立面图应包括各变化层材料及交接位置的平面图，以准确表达不同材料在各个内凹面的交接情况（如阳台、入户花园、凹槽等处）；

第二，立面展开铺贴方式应有详图，隐蔽立面也应提交铺贴详图；
第三，架空层内的各个墙、柱、顶棚、梁的做法也应标示清楚；
第四，外墙面砖、涂料等需确定品牌或厂家的选择范围，以保证产品的耐久性及美观；
第五，立面设计应全面考虑管线、空调机、栏杆、百叶等，避免冲突和影响使用；
第六，污水通气管道应在隐蔽处设置出口，避免破坏立面及影响屋顶平面的使用。

第五章　附表

户内电气配置、开关、插座一览表

部位	名称	安装位置（mm）	备注
入口部分	门铃按钮	暗装，底边距地1300	门外
	门铃	明装，底边距地2300	室内
	吸顶灯	明装	——
客餐厅部分	可视对讲分机	底边距地1300	品牌
	紧急按钮	沙发侧角几处底边距地600	——
	柜机空调插座	暗装，底边距地300	面积大于30m²时
	分体空调插座	暗装，底边距地2000～2200	面积小于30m²时
	红外探测器	暗装，底边距地2300	预设管、盒，不装设备
	住户弱电分线箱	暗装，底边距地300	——
	电话插座	暗装，底边距地300	与信息插座合设
	电视插座	暗装，底边距地300	——
	其他预留插座	暗装，底边距地300	沙发墙、电视墙各4组，3m之内需有插座
	各类开关面板	暗装，底边距地1300	——
	吸顶灯	明装	——
主卧室部分	电话插座	暗装，底边距地300	床头柜后
	网络插座	暗装，底边距地300	床头对面墙
	分体空调插座	暗装，底边距地2000～2200	——
	紧急按钮开关	暗装，底边距地600	床头柜上方
	其他预留插座	暗装，底边距地300	床头侧两组，对面墙两组，第三面墙1组
	床头开关面板	暗装，底边距地600	——
	其他各类开关面板	暗装，底边距地1300	——
	吸顶灯	——	房间及衣帽间

续表

部位	名称	安装位置（mm）	备注
次卧室一	电话插座	暗装，底边距地300	
	网络插座（预留管道）	暗装，底边距地300	床头对面墙
	分体空调插座	暗装，底边距地2000～2200	——
	其他预留插座	暗装，底边距地300	3组
	各类开关面板	暗装，底边距地1300	——
	吸顶灯	——	——
次卧室二	电话插座	暗装，底边距地300	——
	网络插座（预留管道）	暗装，底边距地300	床头对面墙
	分体空调插座	暗装，底边距地2000～2200	——
	其他预留插座	暗装，底边距地300	2组
	各类开关面板	暗装，底边距地1300	——
	吸顶灯	——	——
厨房部分	电饭煲插座	暗装，底边距地1000	操作台面上
	微波炉插座	暗装，底边距地500	操作台面下
	抽油烟机插座	暗装，底边距地2000	
	冰箱插座	暗装，底边距地1300	
	住户强电配电箱	暗装，底边距地1800	不可设于冰箱后
	消毒柜插座	暗装，底边距地500	操作台面下
	燃气报警器	暗装，底边距地300	炉灶下方
	天然气报警器		吊顶
	厨房备用插座	暗装，底边距地1000	3组
	各类开关面板	暗装，底边距地1300	——
	吸顶灯	——	——
主人卫生间	电吹风插座	暗装，底边距地1300	带防溅盖板
	镜前灯	暗装，中心距地2150	——
	排风扇插座	暗装，底边距地2300	固定扇玻璃上
	各类开关面板	暗装，底边距地1300	装于门外
	吸顶灯	——	——
公共卫生间	洗衣机插座	暗装，底边距地1300	带防溅盖板
	电吹风插座	暗装，底边距地1300	带防溅盖板
	镜前灯	暗装，中心距地2150	——
	排风扇插座	暗装，底边距地2300	固定扇玻璃上
	各类开关面板	暗装，底边距地1300	装于门外
	吸顶灯	——	——

续表

部位	名称	安装位置（mm）	备注
楼梯间	声光感应或红外感应暗开关	暗装，底边距地1300	——
服务阳台	洗衣机插座	暗装，底边距地1300	防溅型带灯，3孔
	燃气热水器插座	暗装，底边距地1300	防溅型
花园、露台	插座	暗装，底边距地600	1组，带防溅盖板

户内各种设备、管线留洞一览表

管线留洞	名称	留洞位置	备注
1	空调洞Φ80mm，PVC-U专用套管	管中标高2300mm，向外倾斜2%插座距侧墙边200～300mm	——
2	空调洞Φ80mm，PVC-U专用套管	管中标高250mm，向外倾斜2%，插座就近设置	插座同上
3	弱电配线箱	400mm×250mm×100mm，底边距地300mm	墙厚200mm
4	强电配电箱	根据需要确定尺寸，底边距地1800mm	墙厚200mm
5	对讲机（如为挂墙式，可只留标准接线盒86mm×86mm）	根据需要确定尺寸，底边距地1400mm	墙厚200mm

主人卫生间设备及安装位置一览表

设备	尺寸（mm）	附注（以土建墙面为准）
洗脸台面	550×850×800	下水管宜埋墙安装，出水口中心线距墙230mm
浴缸	1500×750×450	出水口孔中心距墙250mm
按摩浴缸	1520×1520×600	出水口孔中心距墙250mm
淋浴间	宜850×1000	淋浴头下设地漏，孔中心距墙150mm
坐便器	净空不应小于800×1200	去水口孔中心距墙面305mm水箱角阀距排水口中心水平距离160mm
淋浴地漏	100×100	淋浴头下部一角，孔中心距墙面150mm
卫生间地漏	100×100	淋浴间与坐便器间，孔中心距墙面150mm
浴缸扶把	——	底边距地700mm
梳妆镜	——	底边距地900mm，车边防雾玻璃镜
排风扇	——	固定于窗户固定扇上端中央
排风扇插座	——	带防溅盖板，就近设置，底边距地2300mm
手纸盒	——	盒中心距地700mm
毛巾杆	——	底边距地1550mm
浴巾架	——	底边距地1800mm
镜前灯	——	中心距地2150mm

续表

设备	尺寸（mm）	附注（以土建墙面为准）
淋浴花洒	——	固定件中心距地2000mm
淋浴屏风	——	1900mm高，下设20mm高门槛如有悬挑应考虑安全性
管道检修口	200×300每隔两层设置	底边距地1000mm，面贴瓷砖
浴缸检修口	200×300	浴缸取水口下方
吊顶	——	完成面高度H–400mm，H为层高

注：瓷砖铺贴到吊顶上方，应考虑开关插座的安装，使之不出现跨两砖情况。

公共卫生间设备及安装位置一览表

	尺寸（mm）	附注（以土建墙面为准）
洗衣机位	700×700	龙头高度1100mm，偏左安装，墙角设专用地漏
洗衣机插座	——	暗装，带防溅盖板，底边距地1300mm
台盆或柱盆	——	台盆出水口中心距墙230mm，柱盆出水口中心距墙200mm，配镜箱
淋浴房	宜850×1000	淋浴头下设地漏，孔中心距墙150mm
坐便器	净空不小于800×1200	去水口孔中心距墙面305mm，水箱角阀距排水口中心水平距离160mm
地漏	100×100	淋浴头下部一角，孔中心距墙150mm
卫生间地漏	100×100	淋浴间与坐便器间，孔中心距墙面150mm
淋浴屏风	——	1900mm高，下设20mm高门槛如有悬挑应考虑安全性
梳妆镜	——	底边距地900mm，车边防雾玻璃镜
排风扇	——	固定于窗户固定扇上端中央
排风扇插座	——	带防溅盖板，就近设置，底边距地2300mm
电吹风插座	——	暗装，带防溅盖板，底边距地1300mm
手纸盒	——	盒中距地700mm，在坐便器侧方
毛巾杆	——	底边距地1550mm
浴巾架	——	底边距地1800mm
镜前灯	——	中心距地2150mm
置物架	视情况	中心距地1050mm
淋浴花洒	位置可调，双出水	固定件中心距地2000mm
管道检修口	200×300 隔两层设	底边距地1000mm，面贴瓷砖
吊顶	——	完成面高度H–400mm，H为层高

注：瓷砖铺贴到吊顶上方，应考虑开关插座的安装，使之不出现跨两砖情况。

实用范本

范本三　施工图方案论证技术指引

第一章　总则

第一条　目的

确保建设项目的设计安全可靠、适用和经济。

第二条　内容

由各专业工程师从安全性、功能性、经济性、可实施性、适应性、采用“四新”的可靠性等方面评审设计产品的质量特性是否满足规定要求。

第三条　阶段

按方案设计、初步设计、施工图设计三阶段进行评定。

第四条　重点

确保设计成品符合公司的项目开发理念和市场定位，并在同行业中处于技术先进、质量领先水平。

第五条　标准

依据现行的建筑设计规范、规定、标准、设计深度要求，由业主编写的设计指引。

第六条　结果

第一，汇总设计评审意见，提出设计改进措施，对设计产品作出正确评价；
第二，设计产品评定结果可作为设计单位评价的依据，同时作出相应奖惩。

第二章　建筑

第七条　设计原则

设计文件是否符合评审的要求和项目设计依据，即是否符合国家规范、规划设计要点、任务书、阶段批文等要求。

第八条　图纸设计要求

1．设计说明

说明书的内容与该项目的规划设计要点、任务书是否相符。

2．总平面图

第一，建筑物、构筑物的定位坐标和控制位置（或相互关系尺寸）、名称（或编号）、室内标高及层数是否注明；建筑布置和间距是否满足防火、日照、防噪、卫生等有关规定的要求；

第二，管线交叉密集的部位、上下层次是否符合有关规定，各管线标高是否相碰；

第三，总体功能分区是否适合开发商要求，做到分区明确、联系方便、防止干扰，是否符合有关专业技术规定；

第四，主要出入口设置是否适应城市规划、环境交通道路、消防、疏散、人流方向及车流量等要求和有关规定；

第五，评审每栋建筑出入口（包括别墅每户出入口）在总平面图中的关系是否合理；是否做到尽量满足每户都有最合理的朝向、景观，并无视线干扰。

3．平面图

（1）建筑设计的消防技术规范要求

第一，建筑物耐火等级划分要求；

第二，总平面布置对单体建筑的要求；

第三，防火分区、防烟分区、防火隔断等要求；

第四，安全疏散要求、消防电梯（包括机房、梯井等）要求；

第五，消防控制中心要求。

（2）建筑平面布局、空间处理技巧的要求

建筑平面布局、空间处理技巧等是否适应对“量、形、质、流、线”等方面的功能要求，是否符合有关规定。

4．立面图

第一，外墙饰面做法、颜色和划分界线是否标注清楚；

第二，门窗分隔是否与门窗大样图相符，分隔是否美观，玻璃色彩是否美观。

5．剖面图

第一，剖面图与剖线切割部位是否一致；

第二，剖面图所表示的圈梁、过梁、楼板主次梁的位置是否与结构专业相一致，与设备管线有无矛盾。

6. 详图

第一，详图与详图索引的位置是否相符，详图名称是否准确；

第二，建筑构造是否经济合理且便于施工，各种埋件是否标示清楚。

7. 庭院景观环境设计图

详细了解设计师对整个设计的主旨、各景点的意境以及重要复杂大样的讲解，以确保指导施工质量；除土建图外，水、电施工总图是否齐全，附主要设备明细表；是否提供铺地、种植等彩色样板图；设备管线出入口与小区管线相接是否合理；总平面图上的索引是否与大样图相符；大样图中的构筑物的尺寸是否都已标注；庭院土建设计图、构筑物的设计图及大样图、设备管线图、铺地图、种植图所标注的关系是否相符，有无矛盾之处。

8. 装修设计图

设计文件是否符合经评审和确定的设计依据（国家规范、任务书、阶段批文等）的要求；详细了解设计师对整个设计的主旨、重要复杂大样的讲解，以确保指导施工质量。

小样图、大样图、各材料表（灯具、家具、洁具、五金规格表、物料表）是否齐全；是否提供应有的彩色图片、样板；装修建筑图是否与已建现场符合；装修设计图是否与结构、设施、电、水相协调，有无矛盾之处；小样图上的索引是否与大样图相符，索引的材料是否与材料表相符；节点大样的设计深度是否已达到施工要求。

特别审查各管道井门、消火栓、空调风口、水落管等隐蔽设计；特别装饰设计，要提供结构可行性数据认证。

第三章　结构

第九条　设计原则

第一，应注重建筑结构抗震的概念设计，重视结构选型和构造，择优选用抗震和抗风性能好且经济合理的结构体系，优化平面和竖向布置方案，加强构造连接，保证结构的整体抗震性能，使建筑结构具有足够的承载力、刚度和延性；

第二，设计说明及施工要求是否合理并方便施工；

第三，结构构造措施是否合理并方便施工；

第四，结构重点部位、薄弱环节的处理是否采取相应措施予以加强；

第五，选用的材料是否经济、合理，是否方便就地取材；

第六，抗震设防烈度、结构抗震等级、场地类别、楼面荷载、基本风压、特殊房间荷载值等是否准确合理；

第七，高层建筑的埋深是否满足要求。

第十条　图纸设计要求

1．设计说明

说明是否合理、清晰，总说明与图纸说明是否一致；施工注意事项、特殊结构及结构特殊部位施工时应注意的问题是否标明；材料的品种、规格、设计强度值、强度等级是否标示清楚。

2．图纸部分

图纸标志尺寸是否齐全、正确，与建筑图是否一致；结构梁、柱、剪力墙的布置是否满足建筑平面及空间功能要求；结构变形缝的设置是否合理；图纸中是否明确设备专业预留洞位置及尺寸，与有关专业是否会签一致，洞口加强措施是否合理；楼面局部标高变化处是否标示清楚。

3．其他

屋面或水池设计，其防渗要求、施工缝位置及施工要求是否注明；基础设计是否注明地质概况、承载力标准值及施工的有关要求，如需沉降观测，是否有其测点布置及埋置详图；沟（坑）、设备基础的标高、地下管井的标高及尺寸是否齐全，与有关专业图纸有无矛盾；节点构造详图是否标示清楚，是否符合构造要求及方便施工；钢筋、箍筋间距及含钢率是否符合规定。

第四章　电气

第十一条　设计原则

第一，各种设备用房设置合理，安全可靠；小区的消防控制室、智能管理中心宜合用或相邻布置；

第二，高层建筑的强、弱电井应分开设置；安装综合布线及智能化设施的弱电井应适当放大；

第三，公用的箱、盒、线路应设在公共场所；

第四，配电用保护管采用镀锌钢管或聚氯乙烯阻燃塑料管，阻燃塑料管的质量应符合行业标准规定，氧指数大于27；

第五，平面图、系统图、说明书、计算书的内容应一致。

第十二条　强电设计

电力、照明系统设计是否合理和符合规范的要求；系统中接线方式、控制、保护方式及设备元件的选择是否恰当；负荷、电压损失、照度等计算，取值要合理，计算方法要正确，并提供计算数据。

变电所位置要位于负荷中心，尽可能靠近大的用电负荷；高低压接线在满足供电要求的情况下，尽可能地简化，做到安全、可靠、合理、运行灵活，有利于维护；应急发电机组的容量、型号、性能的选择，要满足消防要求，在日常情况下，能够确保重要负荷正常运行；设备的型号、规格、技术条件、数量要与计算一致，要求技术参数必须准确无误，同时满足环境要求，满足施工、订货要求。

图纸的表示方法、图例、符号、标注要符合统一规定；防雷等级要明确，防雷措施要安全、合理、明确。

第十三条　弱电设计

采用的图例及标注方法要符合国家标准，自制图例应在设计中说明。信息网络系统应考虑详细，信息点应统计无误，须考虑到日后的发展；网络布线敷设方式应合理，出线盒位置应结合建筑装修设计。电视用户系统分配应合理，电视用户盒应配合建筑装修设计。

火灾报警系统设计应做到安全、可靠、方便使用、技术先进，并且应选用国家检测合格产品；安全防范系统应选用成熟、稳定的产品，应满足实际情况和具体要求，在软件的选用上要选择经过检验、应用的产品，保证系统正常运行。可视对讲系统要考虑系统的容量，防止系统堵塞；在重要地点设置摄像头，闭路电视监控应与周界防范结合起来。

第五章　暖通

第十四条　设计原则

第一，制冷主机的选用、材料设备的选用、系统布置是否符合施工、制造、安装和使用要求等；

第二，计算理论及数据的采用是否正确合理；

第三，新技术、新设备、新材料的应用是否先进、合理、可靠，是否符合本工程的特点与建设条件；

第四，设备选型是否恰当，设备与管道的连接、布置是否正确；

第五，通风及空调管道布置是否经济、合理、美观和便于施工及检修；

第六，系统选用的风口、消声器、调节阀、防火阀的位置是否正确；

第七，系统的水管、风管的安装、保温以及穿过建筑伸缩缝的做法是否妥当；

第八，通风、空调设备的安装、隔声、减振、消声等处理等是否符合环保的要求；

第九，通风、空调及采暖设计的参数和计算指标是否正确；

第十，自动控制方案是否先进、合理、经济；

第十一， 防排烟系统设置的部位与风量、风压的计算及系统控制（自动与手动）是否正确、合理，排烟系统所选用的风机、阀门及材料是否符合防火要求；

第十二，与平时通风相结合的防排烟系统，由平时通风转换成火灾时防排烟的措施是否合理、可靠；

第十三，设计、施工说明是否详尽准确。

第六章　设备材料、设计及图纸

第十五条　主要设备材料

设计所选用的设备型号、性能规格、数量及应配带的附件等是否正确合理；设计所选用的阀门、材料等是否合理；设备及材料的技术规格是否齐全清楚；设备及材料有无漏项，数量是否正确。

第十六条　设计说明

工程的主要概况、功能及建筑面积、层数等是否说明清楚；工程的设计依据、范围、性质及要求是否说明清楚。

室外设计参数、冷源、热源参数是否齐全；室内房间设计参数的采用是否合理；制冷系统、空调系统、采暖系统、通风系统、消防防排烟系统等的阐述是否合理清楚；制冷系统、空调系统、采暖系统、通风系统、消防防排烟等系统对自控的要求是否阐述清楚；制冷、通风、空调、采暖系统安装施工及设备试运转的依据是否正确；风管、水管及设备保温使用的材料要求及保温做法是否注明；各种管道的防腐、试压标准及做法是否注明；选用的国家标准或地区图纸是否列明。

第十七条　计算说明

冷、热负荷的计算、通风及防排烟的计算采用的指标是否正确、是否符合设计规范等；设备选择和匹配、计算公式、管道流速选择是否恰当；水泵扬程计算是否正确；风机风压的计算、风管的截面和风口及其他通风构件的选择是否恰当。

第十八条　图纸要求

第一，各类管道尺寸标注是否清楚；

第二，各类设备、管道、消声器、风口、调节阀和防火阀等定位尺寸是否标明；

第三，管道及设备布置是否合理；

第四，凝结水管的走向有无注明、是否妥善接至专业下水道；

第五，各种管道与其他工种管道有无碰撞；

第六，管道、坡度、坡向有无注明；

第七，系统的管道标高是否标注清楚，与剖面图是否一致；

第八，膨胀水箱、冷却塔连接是否合理，补水管、放空阀、排污等是否齐全，有无遗漏。

第七章　给水排水

设计的水量、水压、水质等要求是否与建设方提出的设计条件相一致；核对市政管网给水排水连接点平面位置、管径、标高、坡度；全面了解设计审查部门各阶段设计的批文，设计是否符合审批意见及有关文件规定；给水排水、消防的设计原则、方案、系统是否合理；设计采用的数据、公式是否符合国家有关规范、章程，计算结果是否正确无误；查对设备选型是否正确、合理；采用新材料、新设备是否稳妥可靠；选用标准图是否合适；检查图面上关键尺寸、标高有无重大遗漏；图纸设计深度是否符合规定；设计、施工说明是否详尽准确。

第八章　设计图纸要求

第十九条　总平面图要点

第一，各建筑物及室外道路标高、红线范围控制点坐标是否与建筑图相符；

第二，进出建筑物各管线平面位置、标高、管径是否与单体相符；

第三，管线平面布置是否合理，有无定位，室外消火栓、取水口、消防接合口、水表井、阀门井、跌水井、检查井、雨水口、隔油池、化粪池等布置是否合理，有无遗漏；

第四，各管线垂直交叉处标高有无相碰，垂直间距、管道埋深是否符合要求；

第五，市政给水管网引入处、市政污水管、雨水管处的排入口，其平面位置、管径、标高、坡度等图中是否标注清楚，符合要求；

第六，各管线平面布置、水平间距是否符合规范要求。

第二十条　平、剖面图要点

第一，图中轴线编号、尺寸、标高是否与建筑图一致；

第二，进出户管位置、管径、标高、坡度、立管编号等是否与系统图一致；

第三，管道布置是否合理，是否正确考虑了与门、窗、柱及其他专业管线间的关系；

第四，消防设施布置是否符合规范要求；

第五，给水排水中各种管线的符号是否符合规定的图例表示；

第六，图中说明是否确切、清楚；

第七，水泵、水池、水箱及其管道布置是否合理，其尺寸是否标全；

第八，必需的细部详图是否已绘制（如贮水池、水泵房设备、管道布置、水表间、管道井、厨房、卫生间、公共浴室、厕所间、水箱间等）。

第二十一条　系统图要点

第一，给水、消防分区是否合理，与平面图是否一致，是否符合规范规定，各立管编号与平面图是否一致，管径、控制标高是否全部标明；

第二，污水、雨水系统是否与平面图一致，其管径、标高、坡度是否全部标明；

第三，阀门、止回阀，消防水泵接合器等是否设置合理、方便；

第四，水池、水泵、水箱及其连接管道应与平面图一致，并标明标高管径。

第二十二条　设备材料要点

第一，管材是否齐全，数量统计是否正确；

第二，设备选型是否合理，规格是否标示清楚，与平面、系统图中的标注是否一致。

第二十三条　设计说明

第一，工程的主要概况、功能及建筑面积、层数等是否说明清楚；

第二，工程的设计依据、范围、性质及要求是否说明清楚；

第三，设计生活用水定额依据及生活水池容量、消防用水流量、消防时间及消防水池容量；

第四，泳池、冷却塔的工作流程。

第二十四条　施工说明

第一，各种管道连接方法，管道伸缩补偿的方法；

第二，水管及设备保温使用的材料要求及保温做法是否注明；

第三，各种管道的防腐、试压标准及做法是否注明；

第四，选用的国家标准或地区图纸是否列明。

第二十五条　计算说明

第一，生活用水计算采用的用水定额指标是否正确、是否符合设计规范等；消防用水采用的流量是否正确；

第二，生活水池、消防水池及消防水箱计算是否正确；

第三，设备的选择及匹配程度、计算公式、管道流速是否恰当；

第四，水泵扬程计算是否正确。

第九章　设计文件深度及错误的分类

针对以往工程的施工图错误较多及深度不够等质量问题，造成施工和销售的极大损失，特此定出每个设计阶段各专业图纸的设计深度要求及各专业施工图的错误分类、施工图的质量等级。

第二十六条　设计深度

1.方案设计深度要求

方案设计的深度要求按《××市规划国土局依法行政手册》（1996年）中的第八节“关于报审建筑工程设计内容及深度的规定”执行。

2.初步设计及施工图设计的深度要求

初步设计及施工图设计的深度要求应遵照（原）建设部编制的《建筑工程设计文件编制深度》的规定执行。

第二十七条　施工图的错误分类

1. Ⅰ类错误

（1）严重违反规范、标准、规定，有可能造成严重影响安全和使用的错误。

建筑专业——规划中消防间距不够，而又未采取措施；规划中日照间距不够；防火分区面积超规定，电梯/楼梯间不符合防火要求等。

结构专业——结构（含基础）选型错误，应设计为框架结构的设计成混合结构；计算原则错误；未考虑抗震设计；建筑物长度超过规范要求而未采取任何措施等。

给水排水专业——规范要求的消防设施未设计；消防水量、水压达不到规范要求；生活给水水量、水压达不到规范要求等。

暖通专业——规范要求的防火排烟设施未设计，排烟风量达不到规范要求，又没有采取必要的措施等。

电气专业——变配电、电话、电视、消防、广播音响等系统及各种机房平、剖面设备布置等严重违反规范、标准、规定；配电方案有严重缺陷等。

（2）设计不周或有严重错误，有可能造成不能正常使用、不安全或重大经济损失。

建筑专业——总平面竖向设计错误、轴线错误或对不上、楼梯碰头、视线计算错误等。

结构专业——计算书未经校对或计算中存在影响安全的严重错误而未经发现、基础选型错误，引起沉降过大、竖向构件强度不足、结构与建筑节点不一致等。

给水排水专业——由于设计的水塔或水箱高度不够，造成水压不足，出水量不能满足使用要求、高层建筑消防减压、止回等设计不当等。

暖通专业——冷、热负荷计算有重大错误或系统选择不当、膨胀水箱高度低于采暖系统等。

电气专业——选用国家已公布的机电淘汰产品，供配电系统的控制保护、自动控制和自动调节原理图、各站弱电设备之间线路连接图等设计不周或有严重错误、低压配电柜开关与所保护电缆选型不匹配、电缆母线容量不匹配等。

（3）严重影响报建或销售工作的进行

如计容积率（包含各个分部）超过政府允许的误差范围；平立剖面对不上；民防单元面积超过规范。

2. Ⅱ类错误

（1）局部违反规范、标准、规定，但容易修正、且返工量不大。

建筑专业——栏杆的高度及强度不符合要求；消防电梯不符合防火要求，疏散门宽度不够、管道井不符合防火规范等。

结构专业——按简支计算的梁、支座与梁柱整体连接构造用负筋不够；悬挑构件配筋错误等。

给水排水专业——生活饮用水管道连接未采取防回流污染措施等。

暖通专业——管道井不符合防火规定；防火墙未装防火阀；风管材料及保温材料不符合防火要求等。

电气专业——低压配电级数超过3级；照明系统中单向回路灯和插座数量超过25个；烟、温感探测器位置有误；自动喷淋、排烟防火等系统连锁方式局部违反规范、标准、规定；双电源未考虑末端切换等。

（2）设计不周、构造或用料不当有可能影响局部使用效果；重要部位尺寸错误有可能造成严重后果。

建筑专业——结构承重部分在建筑图中未完全反映或错误；声光热防水防潮等技术处理欠妥等。

结构专业——各种门、窗洞高度不符合建筑设计要求，严重影响使用；存在明显的未设计部分，影响现场进度；结构标高与建筑面层要求不符；阳台、雨篷的倾覆安全不够，钢筋混凝土构件配筋与计算书不相符；应设置构造钢筋的部位不设或少设；未根据建筑功能要求部分梁上翻等。

给水排水专业——选用了已淘汰的耗能大的设备；热交换间未考虑检修条件等。

暖通专业——强、弱电各种线路布局紊乱，设备选型不当，安装图和非标准图未标尺寸以及安装不符等。

工种配合严重错误或局部遗漏有可能影响使用，或造成施工返工，如梁上预埋孔洞严重影响结构安全。

结构专业计算时，构造层层加码，造成严重浪费；设计荷载取用过大，实际配筋又大于计算要求很多等。

严重影响报建及销售工作的进行：各配套设施建筑存在功能区未详细标明或建筑标识不清，影响面积查丈及验收。

3.Ⅲ类错误

（1）容易修正、且不影响使用或存在安全缺陷，但会给建设单位、施工单位带来麻烦。

建筑、结构、水、暖、电各专业的图纸目录不全、表达不够清楚、平剖面图不一致、一般性尺寸错误或不全、图例或符号不合规定、平面图与系统图不一致等。

（2）工种配合中的一般性错误，容易修正，且不致影响使用效果或安全。

实用范本

范本四　景观方案评审指引

1. 评审要求

（1）项目负责人组织评审

景观设计评审由项目负责人组织进行，集团公司相关领导参加。

（2）项目组负责的评审资料

第一，景观设计方案；
第二，景观设计任务书现状地形图；
第三，其他资料（原有景观、原有树种、原有树木的位置等）。

2. 方案评审控制点

（1）检查设计是否符合相关标准、政策

检查设计是否符合国家的方针政策，是否符合现行的规程、规范、定额标准。

（2）是否与规划设计紧密结合

第一，与建筑组团的结合；
第二，与建筑立面风格的结合。

（3）使用功能

第一，是否满足使用要求，充分考虑到以人为本的原则；
第二，是否合理组织各功能空间，如开放围合空间、边缘线空间、车流人流空间；
第三，是否强调了人的参与性。

（4）审美原则

检查整个设计布局是否能创造出优美宜人的景观环境。

（5）生态原则

第一，景观设计是否遵循“景观生态学”观念，考虑到景观的可持续发展；

第二，是否充分考虑了节能与环保。

（6）节省原则

第一，环境设计是否合理地利用了原有的景观资源，因地制宜地创造景观；

第二，是否符合施工条件，便于施工安装；

第三，是否考虑到后期维护的可行性；

第四，是否留下了再次设计的余地。

3. 评审结论

第一，项目组经办设计工程师对景观方案评审进行总结，并以设计修改通知单的形式将意见反馈给景观设计单位，由景观设计单位对方案进行下一步调整；

第二，修改的景观方案经项目负责人审查通过后，经办设计工程师负责填写“景观方案设计评定表”，报公司总工程师审核，总经理签署审批意见。

第四节
材料设备选型及论证

选型步骤

第1步：设备市场信息的收集和预选

广泛收集国内外市场上的设备信息，如产品目录、产品样本、产品广告、销售人员上门提供的情况、有关专业人员提供的情报、从产品展销会收集的情报以及网上信息等。并把这些情报进行分门别类汇编索引，从中选出一些可供选择的机型和厂家。这就是为设备选型提供信息的预选过程。

第2步：初步选定设备型号和供货单位

对经过预选的机型和厂家，进行联系和调查访问，较详细地了解产品的各种技术参数（如精度、性能、功率等）、附件情况、货源多少、价格和供货时间以及产品在用户和市场上的反映情况、制造厂的售后服务质量和信誉等，作好调查记录。在此基础上进行分析、比较，从中再选出认为最有希望的两三个机型和厂家。

第3步：选型评价决策

向初步选定的制造厂提出具体订货要求。内容包括：订货设备的机型、主要规格、自动化程度和随机附件的初步意见、要求的交货期以及包装和运输情况，并附产品零件图（或若干典型零件图）及预期的年需量。

注意事项

第一，在接到几个制造厂的报价书后，必要时再向制造厂和用户进行深入了解，与制造厂磋商按产品零件进行性能试验。将需要了解的情况调查清楚，详细记录作为最后选型决策的依据。

第二，在调查研究之后，由工艺、设备、使用等部门对几个厂家的产品对比分析，进行技术经济评价，选出最理想的机型和厂家，作为第一方案。同时也要准备第二、第三方案，以便适应可能出现的订货情况的变化。最后经主管部门领导批准，便完成了设备选型决策的全过程。

链　接

工程材料设备的价格管理，是项目成本控制的重点和难点，工程材料设备的费用一般占工程造价的60%～70%以上。目前市场上，材料设备的供货来源大至分为：全部进口、合资产品、国内产品，同类产品价格相差很大，而随着我国的科学发展，技术进步，很多全进口产品与国产产品的质量、性能差别越来越小。因此根据开发建设的产品定位及物业设定的档次，通过对工程材料设备的产品质量、功能价值、认知价值和价格的分析对比，选用合适的材料设备品牌就是最合理的配置。

实用范本

××国际广场酒店式公寓

智能化系统设备选型策划报告

××国际广场酒店式公寓定位为一五星级国际高档社区，属新生代酒店式公寓，具有一般商住酒店式公寓所没有的精装修，全套的品牌家具、电器，再加上商务酒店式公寓所没有的与之相匹配的酒店式高档、体贴、细致的服务项目和全天候商务服务，它可以作为老板或高级员工的日常居住场所，为人们赢得了较多的工作与休息时间。由国际著名酒店集团管理，由中外合资企业开发、建成，其智能化系统应与其小区定位相对称。

7号楼智能化系统主要有以下子系统：可视对讲系统、室内安防系统、进户门门禁系统（此系统一般小区不做，只做到单元门）、闭路监控系统、停车管理系统、电子巡更系统、背景音响和紧急广播系统、酒店消费一卡通，在上述系统中一般占较大比重的是可视对讲和室内安防。

闭路监控系统等系统要按照图纸重新设计。其他系统也需按需求配置。

小区智能化系统一般配套费在每平方米25～50元之间，高档小区如高档别墅也不过如此。但本案是酒店式公寓，每套公寓不论面积大小都要安装进户门门禁（此处是亮点），故价格要高一些。

建议系统设备选型采用以下两种方案：

第一方案：普通型，平均每户7000元（估价）

第一，楼宇可视对讲系统(室内分机为黑白显像管式)，品牌：BOSCH；

第二，室内安防系统(非独立式,室内布撤防控制与上述室内可视分机为一体机)；品牌：BOSCH；

选定理由：BOSCH为国际防盗系统第一品牌，安全可靠；

第三，进户门控制系统:联网式感应卡酒店门锁系统；

第四，电子巡更系统，品牌：Videx，为美国引进，技术上比其他产品可靠；

第五，紧急广播和背景音乐系统，BGM广播系统，安装在大堂和电梯厅内；

第六，车道管理系统，道闸：天业（昆山加工区选用）或捷顺（国内第一品牌），手动或感应卡但不自动发卡。

以下系统不包含在内：室外电子公告牌、闭路监控系统

第二方案：高档型，平均每户11000元（估价）

第一，楼宇可视对讲系统(室内分机为彩色液晶式)，品牌：BOSCH；

第二，室内安防系统(独立式,室内布撤防控制与上述室内可视分机分开)，品牌：BOSCH；选定理由：BOSCH为国际防盗系统第一品牌，安全可靠；

第三，进户门控制系统:指纹锁系统，品牌：OPENSESAME 金指码指纹锁（2008北京奥运村选用）；

第四，电子巡更系统，品牌：Videx， 为美国引进，技术上比其他产品可靠；

第五，紧急广播和背景音乐系统：BOSCH广播系统，国际知名品牌，安装在大堂和电梯厅内；

第六，车道管理系统使用道闸：天业（昆山加工区选用）或捷顺（国内第一品牌），远程或无线（RFID）感应卡，临时车辆自动发卡。

以下系统不包含在内：室外电子公告牌、闭路监控系统。

工程经理营养餐

营养标签

工程项目的质量目标与水平，是通过设计使其具体化，据此作为施工的依据。设计质量的优劣，直接影响工程项目的使用价值和功能，是工程质量的决定性环节。

营养密码

设计阶段的管理包括进度、质量、投资计划的目标管理。三大目标中最难确定的是进度控制目标，因为影响设计进度的因素较多，无法准确预测。

营养建议

设计进度计划可根据工程总工期的要求和以往建设经验，参考设计周期定额，估算办理城市规划等部门审批手续所需时间，设计前准备时间，不可预见因素影响等，合理确定目标值，不要因为时间仓促影响设计质量，也不能因时间过长而导致设计拖延总工期。

超级链接

××省建筑工程施工图审查批准书

编号：________________

你单位送审的__________________________工程项目施工图文件，经__________________审查，符合国家的相关规定与要求。

予以批准使用。

批准机关

日　期

注意事项：

1.未经发证机关许可，本证的各项内容不得变更。

2.建设行政主管部门可以对本证进行查验。

3.必须按发证的施工图文件范围进行施工，如遇特殊情况需要对主要内容进行修改时，必须重新报送原施工图审查机构审查，通过后方可实施。

4.本证分正本一本、副本三本,正本由建设单位保管,副本由审查机构、勘察设计单位各存一本，建设行政主管部门留存一本。

（续表）

________________：

由________________________________设计（勘察）的________________________施工图文件，经审查合格。

特此证明。

审查机构

日　期

建筑工程施工图审查通过项目表

工程名称：________________工程类别：□勘察　□建筑　□市政　□装修

勘察/设计单位：___________工程性质：□新建　□改建　□扩建

序号	项目名称	建筑类型	结构类型	层数	高度（m）	幢数	建筑面积(m^2)	备注

兵法三

五步办理项目报批，顺利开展工程施工

CHAPTER THREE

>>> >>>

五步办理项目报批，顺利开展工程施工

1

办理
立项手续

项目立项是建设工程项目正式开始的第一步。

2

办理建设用地
规划许可证

必须先取得市规划行政部门核发的“建设用地规划许可证”及相关资料后，方可向土地行政部门申请办理设计用地批准文件和其他有关手续。

3

办理
土地使用权证

土地归国家或集体所有，房屋所有权人不能取得土地所有权，只能取得土地使用权。

4

办理建设工程

规划许可证

城市规划行政主管部门依法核发的，确认有关建设工程符合城市规划要求的法律凭证。

5

办理建筑工程

施工许可证

《建设工程施工许可证》(建设工程开工证)是建筑施工单位符合各种施工条件、允许开工的批准文件，是建设单位进行工程施工的法律凭证，也是房屋权属登记的主要依据之一。没有开工证的建设项目均属违章建筑，不受法律保护。

第一步
办理立项手续

办理要点

负责工程的业务管理人员需要提出设计目标、解决问题的范围、具体功能、运行环境、设计费用和完成时间等。它是进行系统分析与可行性分析阶段工程的前提。一般来讲，工程的立项由本单位人员来完成比较适宜，如果没有这方面人员，可通过“任务委托书”的形式，委托有关研究单位来完成。

注意事项

在立项阶段，单位业务管理人员需要提出设计的系统目标、解决问题的范围、系统的功能和性能、运行环境、设计费用和完成时间等。立项是进行系统分析和可行性分析工作的前提。

重点要达到四个目标：第一，向上级部门阐述建立安防工程的原因及优点，并得到上级领导的肯定；第二，使本单位的全体员工都能知道建立安防工程的情况，并能获得支持与理解；第三，估算出资源需求、预期的时间与进度，以及所需要的投资；第四，为建立新系统确定项目开工组织和人员配备。

链　接

商业项目立项一定要履行听证会程序，主要基于我国商业地产发展现状。归结原因有几点：

第一，适当地抬高商业地产准入门槛；

第二，城市整体商业规划布局的需要，商业布局要看区域人口导入量，看业态规划布局等，不可盲目，造成资源浪费；

第三，避免地方政府以招商引资为由的盲目投资活动。

实用范本

项目立项申报资料的模板

立项申请报告须简述项目法人基本情况、建设的必要性和可行性、建设规模以及投资额与资金来源，项目法人单位盖章、法人代表签字。

1.地块立项申请报告

××市××区发展计划局：

我公司于××××年×月×日经土地拍卖取得位于××区经济开发区××路北侧、××湖西侧地块（宗地编号为×地2005-G-76）。该土地总占地面积为33331.1平方米，土地用途为居住，土地使用权为70年。容积率：0.7；建筑密度小于20%；绿化覆盖率大于37%。根据规划条件，我公司拟建联排住宅24000平方米。并将于××××年×月上旬开工建设。资金由我公司自行解决。

特向贵局提出立项申请。

此致

敬礼

法人代表：

××地产集团有限公司

年　月　日

2.项目立项申请书

项目立项申请书主要包含项目申报单位情况、拟建项目情况、建设用地与相关规划、资金利用和能源耗用分析、生态环境影响分析、经济和社会效应分析与法律、法规或者规章规定的其他内容。

（1）项目开发单位概况

本项目是由××地产集团有限公司开发。××地产集团有限公司（原××产业开发有限公司）成立于××××年×月，隶属××集团，是××市较早从事房地产开发建设的专业公司之一，现为具有国家房地产综合开发一级资质的大型房产开发集团企业。

公司以房地产开发为主业，大手笔开发各类房产项目面积累计近百万平方米，在××市乃至××省赢得了良好的市场口碑，树立了资本雄厚、信誉卓著的企业形象，连续多年荣获银行“AAA”信用等级企业，并通过了ISO9001：2000质量管理体系认证。××××年，公司又荣获“××市房地产开发综合实力20强”和“××省房地产业综合实力50强”的授牌，并进入××省“50强”的前10名（排名第八），正式跨入了省一流房地产开发企业的行列。

××地产在不断开拓、进取的同时，十分注重企业品牌形象的塑造，在追求经济效益的同时，不忘社会效益和环境效益。××××年到××××年，公司遵照“一个楼盘必须就是一个精品”的座右铭，坚持走品牌经营的道路，精心打造品牌项目，获得了许多国家级、部级、省级等优秀工程奖项。其中，××公司的“凯运天地”获得了“国家康居示范工程奖”和“×年度××省优秀住宅金奖”；××太阳城的“江南太阳城”项目和××公司的“胥香园”项目获得了“国家健康住宅”的授牌，尤其是“胥香园”项目是××市乃至××省首家获得“健康住宅”授牌的小区。××××年，“胥香园”又再次捧得了“××省优秀住宅金奖”。而公司另外一个精品别墅楼盘“金澄明珠”也获得了“××省优秀住宅银奖”。不仅如此，公司开发的其他项目也都成为各地区各类档次的代表性经典楼盘。

（2）项目的开发背景和必要性

房地产经济是国民经济的重要组成部分，也是国民经济的重要支柱之一。发展房地产经济有利于加快我国产业结构和消费结构的调整，从而促进国民经济健康持续发展。现在房地产经济（尤其住宅经济）是我国新的经济增长点，发展房地产经济，可以拉动一系列行业的发展。现今，国家为拉动经济，满足广大人民群众的住房需求，大力提倡发展房地产经济。我公司为了响应国家的安居工程，决定规划、开发本项目。

××开发区是××市城南新规划的一个面积约为1千万平方米的城市副中心，旨在建成一个集商贸金融、文化娱乐、行政办公和居住休闲等综合功能的开发区，满足城南工业带、国际教育园和××市外扩的需求。

本项目作为××开发区首个大型、中高档的住宅小区，将为该区域的住宅市场和档次奠定一个好的基础，并极大改善该开发区的面貌。所以本项目在规划初期也得到了区规划局的高度关注和多次指导。

（3）项目概况及规划定位

①拟建地点：

本项目地处××开发区东北角，南临××路，东邻××湖，西接城市主干道，背靠城市道路——××大道。项目地理环境优良，自然条件宜人，交通十分便利。

②建设规模与目标：

本地块规划用地大约为33331.1平方米，土地用途为居住，土地使用权为70年，拟建总建筑面积24000平方米，容积率为0.7。建筑密度小于20%；绿化覆盖率大于37%，为低密度的联排住宅，与毗邻的约236666.667平方米规划用地一起打造成××开发区首个大型、中高档的居住小区。

③主要建设条件：

规划用地周边基础设施基本完备。道路、供电、供水、排水、通信、场地平整、基础设施已基本完成，周边道路均与国道、省道连接，形成了区内外道路环通网。

④项目定位和规划风格：

规划用地东邻××湖风景区，××湖不仅是规划用地内的一处景观资源，而且更是该用地的环境调节器——绿肺，与整个规划用地的生态环境息息相关。

利用本项目的独特优势，与设计师多次沟通探讨，意在将本项目定位为：适宜人居的生态、绿色、健康住宅小区；风格主题为现代建筑风格，体现高贵、知性、阳光的特色。与毗邻的236666.667平方米规划用地一起成为集商业、住宅于一体的中高档社区。

（4）项目投资估算和资金筹措

①投资估算：

本项目在拿到土地之后，公司组织相关部门做过多次成本测算，最终测算结果如下：

总投资估算汇总表

项目费用名称	金额（万元）
土地开发费	6344.00
前期费用	268.10
建筑安装工程费	3033.13
附属公共配套设施费	116.66
配套费用	1949.87
项目管理费	234.24
营销费用	379.14
财务费用	627.93
总投资	12953.07

②资金筹措方式：

本项目全部为自筹资金。××地产集团有限公司有着数十年的滚动开发经验，除了在项目开发中积累了很多实际操作经验外，也发展成为一个实力雄厚的大型开发商，目前旗下有十几个项目正在销售，完全具备自筹资金的实力。同时从工程项目招标开始，本公司的财务状况的好坏是能否通过资格预审的关键因素。只有筹集到足够的资金，公司才能通过资格预审获得大型土木工程项目的招标资格。

（5）能源耗用分析和节约措施

①节能措施：

本项目建筑能源系统的设计应贯彻国家和地方有关节约能源的法规和政策，严格执行“夏热冬冷地区居住建筑节能设计标准”。在保证舒适、健康的室内热环境基础上，采取有效的节能措施，改善建筑的热工性能，降低建筑全年能耗；积极采用对环境污染小的可再生能源，并提高保温、空调等耗能系统的效率；最大限度地减少建筑对能源的需求和对空气的污染破坏，实现可持续发展的目标。

该工程维护结构的保温材料的选择和构造拟采用的方案如下：

屋面：XPS挤塑聚苯保温板做保温层；

外墙：外贴聚苯板，外饰面系统涂层；

门窗：抗风性能、空气渗透性能、雨水渗透性能符合国家节能标准的铝合金窗，外墙窗均为双层中空玻璃；

除了以上的做法和措施外，目前还在积极筹备和探讨新工艺和新技术，努力为住宅产业化及带动其他产业的发展作出应有的贡献。

②节水措施：

A.小区水环境：

合理规划和建设小区水环境，提供安全、有效的供水、污水处理日用系统，达到节约用水的目的。要实现水资源的可持续发展和充分利用，改善小区生态环境，必须建立完善的给水系统，保证供水水质符合卫生要求，水量稳定，水压可靠；建立完善的排水系统；保障污水排放达到国家标准。

对小区用水的水量和水质进行估算与评价，提供详尽的居民用水量估算资料，提出合理用水分配计划、水质和水量保证方案，最大限度地利用水资源，减少小区污水的排放量，实现小区用水的良性循环。以足够的水量和水压向所有的用户不间断地供应符合卫生要求的饮用水、消防用水和其他生活用水；及时将小区内的污水和雨水排放、收集到指定场所。

B.绿化景观用水、节水：

保障小区绿化、景观用水，改善小区用水分配，提高景观用水水质和效率。

景观用水应设置循环系统，并应结合中水系统进行优化设计以保证水质，提高用水效率。提倡营造少灌或免灌绿化群落，减少草坪面积，尤其是冷地型草坪面积。

绿化用水拟利用雨水或生活污水回用作为绿化用水，以利于节水及利用自然渗透补充地下水。

C.节水器具应用：

大力推广使用节水型器具，不断提高用水效益。不使用耗水9升和9升以上的坐便器。

水龙头：不使用螺旋升降式铸铁水嘴；根据用水场合的不同，可选用延时自动关闭（延时自闭）式、水力式、光电感应式和电容感应式等类型水龙头；手压、脚踏、肘动式水龙头；停水自动关闭（停水自闭）式水龙头；陶瓷片防漏水龙头等节流水龙头。

淋浴器具：冷、热水混合器具(水温调节器)；电磁式淋浴节水装置；节水喷头等。

（6）环境影响评价

①环境条件调查：

本项目定位“适宜人居的生态、绿色、健康住宅小区”。在当前的房地产开发过程中，讲究园艺设计，提倡生态、绿色、健康住宅已是大势所趋，但目前国内的景观设计多采用喷泉、广场等“硬质景观”，较少采用有生命力的活生生的“软质景观”，只注重视觉效果，而没有营造整体气氛。本项目特别重视景观设计，进行多次景观方案的论证，逐步形成了层次分明的景观体系，同时要求设计师注意尺度感，通过小型景致将人的视线从高大的建筑物上转移，减少人的压抑感。45%的绿化率保证了周围良好的环境，建成后注重人文环境和人性化控制，污染较少、自然景观优越、空气清新、湿度适宜，夏季凉爽；远离闹市区，周边高校分布极广，绿地面积率大；远离重工业区，工业污染小，是一个适合人居的绝佳地段。

②施工期环境影响分析：

A.施工期污染源：

a.施工期噪声污染源：

施工期的噪声主要来源于施工现场的各类机械设备和物料运输的交通噪声。施工场地噪声主要是施工机械设备噪声、物料装卸碰撞噪声及施工人员的活动噪声，各施工阶段的主要噪声源及其声级见下列表格。声级最大的是电钻，可达115dB(A)。物料运输的交通噪声主要是各施工阶段物料运输车辆引起的噪声，各阶段的车辆类型及声级见下列表格。

各施工阶段主要噪声源状况

施工阶段	声源	声级（dB）	施工阶段	声源	声级（dB）
土石方阶段	挖土机	78～96	装修、安装阶段	电钻	100～115
	冲击机	95		电锤	100～105
	空压机	75～85		手工钻	100～105
	打桩机	95～105		无齿锯	105
底板与结构阶段	混凝土输送泵	90～100		多功能木工刨	90～100
	振动器	100～105		混凝土搅拌机	100～110
	电锯	100～110		云石机	100～110
	电焊机	90～95		多角磨光机	100～115
	空压机	75～85			

交通运输车辆声级

施工阶段	运输内容	车辆类型	声级/dB(A)
土方阶段	土方外运	大型载重机	90
底板与结构阶段	钢筋、商品混凝土	混凝土罐车、载重车	80～85
装修阶段	各种装修材料及主要设备	轻型载重卡车	75

b.施工期扬尘：

施工期扬尘主要来自土方的挖掘扬尘及现场堆放扬尘；建筑材料（白灰、水泥、沙子、石子、砖等）的现场搬运及堆放扬尘；施工垃圾的清理及堆放扬尘；人来车往造成的现场道路扬尘。

c.施工期废水污染源：

施工期产生的废水包括施工人员的生活污水和施工本身产生的废水。施工废水主要包括土方阶段降水井的排水、结构阶段混凝土养护排水以及各种车辆冲洗水。

d.施工期固体废弃物：

施工期固体废弃物主要为施工人员的生活垃圾、施工渣土及损坏或废弃的各种建筑装修材料。

B.施工期环境影响的详细分析：

a.施工噪声影响：

根据噪声污染源分析可知，由于施工场地的噪声源主要是各类高噪声的施工机械，这些机械的单体声级一般均在80dB以上，且各施工阶段均有大量设备交互作业，这些设备在场地内的位置和使用率有较大变化，因此很难计算其确切的施工场界噪声。根据工厂施工量，按经验估算其各施工阶段的昼、夜声级见下表。

各施工阶段昼、夜声级估算值

单位：dB（A）

施工阶段	昼间场界噪声	标准值	夜间场界噪声	标准值
土方阶段	75～85	75	75～85	55
结构阶段	70～85	70	65～80	55
装修阶段	80～95	85	禁止施工	55

b.施工扬尘的影响：

由于土石方过程破坏了地表结构，会造成地面扬尘污染环境，其扬尘量的大小与诸多因素有关，是一个复杂、较难定量的问题。

通过对施工期环境影响的分析，施工期主要污染为噪声与扬尘，为减少其环境污染，应做到：

第一，现场施工中，建筑材料的堆放及混凝土拌合应定点、定位，并采取防尘措施，设置挡风板；施工期间尽量选用烟气量较少的内燃机械和车辆，减少尾气污染；施工道路经常保持清洁、湿润，以减少汽车轮胎与路面接触而引起的扬尘污染，同时车辆应限速行驶；混凝土搅拌等高噪声作业及施工车的进出口，尽可能远离居民住宅；施工车场地尽量平整，减少颠簸声，以减少施工噪声对居民生活的影响；

第二，施工过程中做到无高噪声及爆炸声；打桩作业不安排在夜深人静时进行；吊装设备噪声满足环保要求；

第三，施工中不产生超标准的空气污染；环保措施与工程进度做到“三同时”；环境治理设施应与项目的主题工程同时设计、同时施工、同时交付使用；

第四，建筑垃圾及时清理，文明施工；地块周围做好围墙或在使用机械设备旁竖立屏障，减少施工机械的噪音。

C.项目建成后环境影响分析：

作为房地产开发项目，基本无工业废气和生产废水排放，因此污染源分析主要是生活污水和生活垃圾。

a.生活污水：

生活污水采取化粪池进行处理，达标后经污水管道排入市政污水处理管网。

b.生活垃圾：

生活垃圾实行袋装化，首先集中到住宅楼区内的垃圾中转站，再由城市环卫部门运往城市垃圾处理场统一处理。

c.加强住宅区的物业管理：

住宅区设立物业管理机构，以加强物业管理。由专人负责区内的卫生清扫、环境保护和安全保卫工作。

d.绿化：

为改善区内居住环境，给居民提供一个舒适、美丽的生活空间，本项目在土建阶段便进行区内的绿化规划建设。其指导思想一是将可绿化的地方都绿化起来，二是强化小区绿化的功能性，提升绿化档次，在充分满足使用需求的基础上给居民以美的享受。

e.环境影响综合评价：

本项目主要是住宅楼建设，污染物排放量较少，且采取相应的处理措施，完全可以达到环境保护的要求，对周围环境不会产生污染。

（7）劳动安全、卫生与消防

拟建项目劳动安全、卫生与消防的研究是在已确定的技术方案和工程方案的基础上，分析论证在建设和生产过程中存在的对劳动者和财产可能不安全的因素，并提出相应的防范措施。

①劳动安全、卫生：

A.危害因素和危害程度分析：

分析在生产或作业过程中可能对劳动者身体健康和生产安全造成危害的物品、部位、场所及危害范围和程度。

B.有毒、有害物品的危害：

分析生产和使用带有危险性的原料、材料和产品，包括易燃、易爆、有毒气体类、易燃液体类、易燃固体类、氧化剂和过氧化物类、毒害品类、腐蚀品类、辐射物质类以及工业粉尘类等。分析有毒、有害物品的物理化学性质，引起火灾爆炸危险的条件，对人体健康的危害程度以及造成职业性疾病的可能性。

C.危险性作业危害：

分析高空、高湿、高温、振动、噪声等危险性作业场所可能对人身造成的危害。

②安全措施方案：

针对不同危害和存在危险性因素的场所、范围以及危害程度进行研究，提出相应的安全措施方案，主要有：

第一，在选择工艺技术方案时，应尽可能选用安全生产和无危害的生产工艺、设备；

第二，对危险部位和危险作业应提出安全防护措施方案；

第三，对危险场所，按劳动安全规范提出合理的生产工艺方案并设置安全间距；

第四，对易产生职业病的场所，应提出防护和卫生保健措施方案。

③消防设施：

消防设施研究，主要是分析项目在生产经营过程中可能存在的火灾隐患和重点消防部位。根据消防安全规范确定消防等级，并结合当地公安消防设施状况，安装消防监控报警系统并提出消防设施配置方案。

A.火灾危险性分析：

分析生产过程中使用的原材料、中间产品、成品的火灾危险性，包括储存物品的火灾危险性，生产过程中易燃、易爆产生的部位及火灾危险性，运输过程中的火灾危险性等。

B.调查项目场址周围消防设施状况：

调查场址周边公安消防机构的规模、装备，所在地公安消防队与场址的距离等，确定项目对公安消防机构的依托程度。

C.消防措施和设施：

根据项目在生产经营过程中存在火灾隐患的部位、火灾危险类别及可能波及的范围，确定应采用的消防等级，并结合项目场址周围消防设施状况，安装消防监控报警系统并提出消防设施配置方案。

（8）组织机构与人力资源配置

合理、科学地制定管理方案，确定项目的组织机构和人力资源配置是保证项目建设和生产经营顺利进行、提高劳动效率的重要条件。在制定管理方案时，对项目的组织机构、人力资源的设置及员工培训等内容进行了研究，比选优化方案。

①组织机构设置：

本项目在集团的大力支持下，单独设立项目部，采用项目经理负责制，建立系统、全面的管理网络，由具有丰富管理经验和开发经验的专业人员组成，同时也接受公司各个职能部门的监管和支持协助。

②职责分工：

A.办公室：

第一，负责公司文档管理，可对项目的文档进行分类管理；

第二，负责内部员工管理，对项目的内部职员的个人资料进行管理；

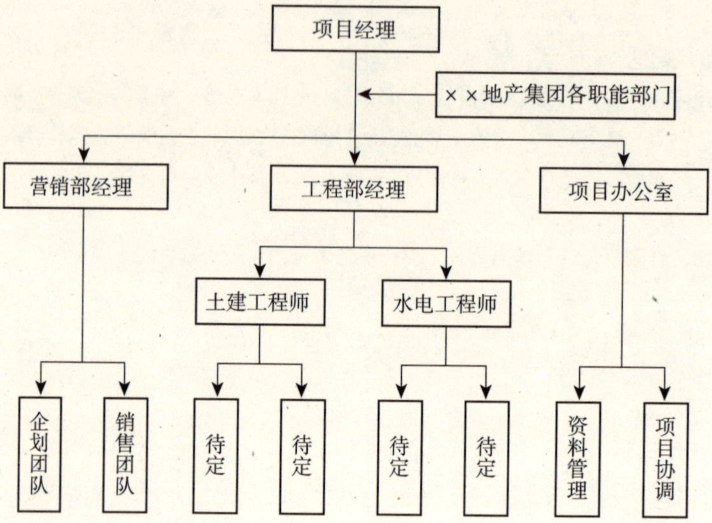

主要组织机构图

第三，负责项目的外部协调和物业保安的协调管理工作。

B.工程部：

a.工程前期准备：

第一，技术准备：审核施工图纸；编制“房地产开发项目组织设计”；编制或审核施工图预算；编制或审核主要材料、半成品、设计计划；对特殊项目或重要项目的考察、参观、学习及必要的培训；

第二，物资准备；

第三，现场准备：现场踏勘，“三通一平”；组织施工单位放线并检验；

第四，其他准备：利用招标形式优选施工队伍；办理开工报告；办理质监委托；组织设计交底；摸清施工现场地下有无国家线路、水管、天然气管道和防空洞等，如有问题及时妥善处理。

b.现场工程管理：

第一，前期部分工作：旧建筑物及妨碍工程施工的障碍物拆除工作；“三通一平”；其他的工作（临建、占路、占地的办理）；

第二，施工建设阶段的工作：施工前的各项准备工作；施工建设阶段的平衡和协调工作；现场技术管理；质量控制与管理，加强经济签证的管理；工程收尾的组织安排，竣工验收；工程资料的汇集、参加开发项目资料的归档工作；做好工程决算及项目移交。

C.营销部：

负责商品房的销售和管理，做好销售计划，组织销售策划工作。

（9）项目施工进度安排

①项目计划安排：

项目批复后，尽快着手进行前期准备工作。及时委托勘察和设计单位进行勘察及施工设计，并开始进行场地的平整工作。明确项目计划的起止时间。

②各项工作实施进度情况：

本项目在立项通过后，应及时安排项目的初步设计、场地平整等工作，力求保质保量地完成项目的建设任务，本项目预计从××××年×月开工至××××年×月完工，并投入使用。项目施工阶段利用小流水节拍、立体交叉作业的施工方法来缩短施工周期，既能减少房地产开发投资长的风险，又能节省国家宏观调控开发量的空间。

（10）三大效益分析

①从经济效益来分析：

由于公司在项目开发建设前，进行了广泛、深入的市场调研，了解客户的需求，目前部分单元已有意向客户提前预订，销售前景看好。该方案采取了提前预售、分期付款等措施，给公司带来了高利润回报，可以提高公司在社会上的知名度，为公司将来的发展奠定了基础，并且为××市的房地产经济注入了新鲜血液，有力地推动了××市房地产经济发展，起到了搞活经济的作用。

②从社会效益来分析：

本项目建成后，将切实解决××园区内职工和周边居民的生活及居住问题，也满足了城市外扩的需求。由于本小区注重环境营造和公共设施的建设，它将成为××开发区内又一个亮点，为当地人民提供优越的居住环境。同时本项目作为××开发区首个大型、中高档的住宅小区，将为该区域的住宅市场奠定一个良好的开端，并极大改善该开发区的面貌，社会效益极为可观。

③从环境效益来分析：

该开发过程全部是文明施工，最大程度地减小了对环境的破坏。工程完工后，从前脏乱差的地区将变成环境幽雅、建筑造型现代、自然景观秀丽、公共服务设施齐全、交通便利的全新休养胜地。对美化××区市容，改善环境带来较大的益处。

纵观开发全过程，从经济效益、社会效益和环境效益来看，该开发方案是完全可行的。

第二步
办理建设用地规划许可证

办理要点

第一，建设单位应在取得土地使用权一年内，向规划管理部门报送建筑设计方案及有关文件、资料，否则规划设计条件自行失效。

第二，建设单位应依据规划设计条件、设计红线图和市勘测院提供的勘测成果进行方案设计，设计方案内容的真实性及准确性由建设单位负责。

第三，建设单位在取得《建设用地规划许可证》一年内，应向国土局申请办理土地使用批准文件。如因故超期又未申请延期的，建设单位所持的《建设用地规划许可证》及附件即自行失效。需延期的建设项目，建设单位应持取得的审批文件申请延期，由规划管理部门重新认定。

注意事项

第一，用地面积和用地性质及土地权属不发生改变的建设项目，不需发《建设用地规划许可证》。

第二，如属特别地区范围的建设项目，不受本时限限制。

链　接

《建设用地规划许可证》是项目用于土地确权和用地实施规划的要件，也是建设单位在向土地管理部门申请征用、划拨土地前，经城市规划行政主管部门确认建设项目位置和范围符合城市规划的法定凭证，是建设单位用地的法律凭证。没有此证的用地单位属非法用地，房地产商的售房行为也属非法，不能领取房地产权属证件。

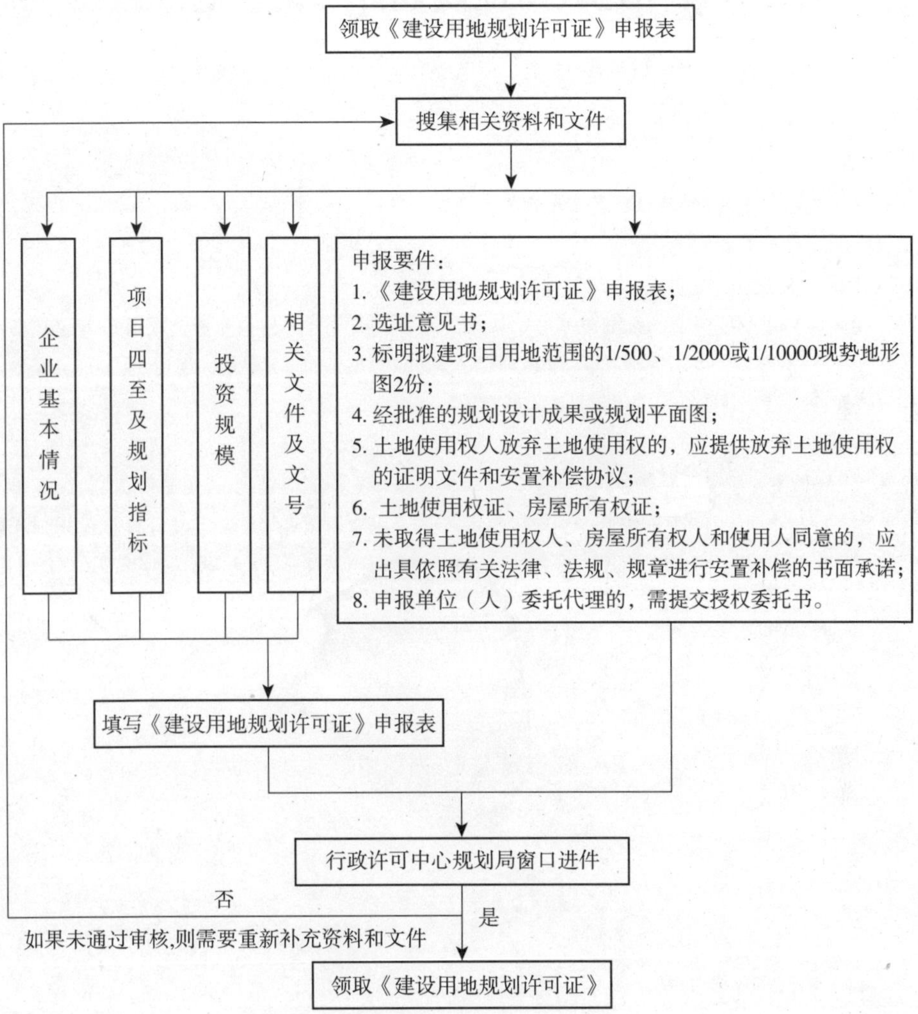
领取《建设用地规划许可证》申报表
搜集相关资料和文件
企业基本情况
项目四至及规划指标
投资规模
相关文件及文号
申报要件：
1.《建设用地规划许可证》申报表；
2. 选址意见书；
3. 标明拟建项目用地范围的1/500、1/2000或1/10000现势地形图2份；
4. 经批准的规划设计成果或规划平面图；
5. 土地使用权人放弃土地使用权的，应提供放弃土地使用权的证明文件和安置补偿协议；
6. 土地使用权证、房屋所有权证；
7. 未取得土地使用权人、房屋所有权人和使用人同意的，应出具依照有关法律、法规、规章进行安置补偿的书面承诺；
8. 申报单位（人）委托代理的，需提交授权委托书。
填写《建设用地规划许可证》申报表
行政许可中心规划局窗口进件
否
是
如果未通过审核,则需要重新补充资料和文件
领取《建设用地规划许可证》

实用范本

某地办理《建设用地规划许可证》规范流程

1.申报人到窗口提交：

（1）申请办理《建设用地规划许可证》必备的“前置”条件：

第一，《建设用地规划许可申请表》（申报人盖章）；

第二，经批准的《修建性详细规划》（两份）。

（2）承诺可“后放”的条件：

第一，《××县企业投资项目备案通知书（基本建设）》或《××县企业投资项目备案通知书（技术改造）》（二选一）（仅备案制类项目，备案制类的项目《选址意见书》和《建设用地规划许可证》可同时办理）；

第二，《建设项目计划批复》（仅审批制类项目）；

第三，其他材料。

2.规划建设局核发《建设用地规划许可证》，窗口告知申报人办理结果；

3.自受理之日起申报人在2个工作日内到窗口领取《建设用地规划许可证》及《建设工程规划许可证申请表》，窗口同时告知申报人下一步办理程序；

4.承诺办理时限：2个工作日。

第三步
办理土地使用权证

办理要点

第一，办理土地证时需要备齐：①土地登记申请书、土地登记法人代表身份证明书、土地登记委托书及委托人身份证明书、代理人的身份证复印件；②土地权属证明文件；③建设用地规划许可证、选址意见书或定点通知书、规划红线图、总平面图；④建设项目批准或备案文件；⑤地籍调查表、界址点成果表、宗地图；⑥契税完税凭证。

第二，直接携带有关资料到国土局办理。

注意事项

开发商交纳40%的土地出让金，发放临时土地使用权证，待交齐清土地出让金后再办理正式的土地使用权证，如果开发商无力交纳后续的土地出让金，则无法办理土地使用权证。

链　接

购买商品房关注的焦点放在房屋质量及房产所有权证上，而忽略了另一项重要权利，即房产范围内的土地使用权。由于我国实行的是土地公有制，购置房地产时只是取得相应的土地使用权。人们通常对土地使用权问题是漠视的，并想当然地认为土地是房屋的附属，取得了房产的所有权即取得了土地使用权。其实，房产所有权和房产土地使用权之间并无法律上当然的附属关系。如果忽视土地使用权，势必会给住宅地产购置及交易带来风险。

实用范本

国有土地使用权出让收支管理程序

1.现行文件

第一，国务院办公厅《关于规范国有土地使用权出让收支管理的通知》——国办发【2006】100号；

第二，财政部、国土资源部、中国人民银行关于印发《国有土地使用权出让收支管理办法》——财综【2006】68号；

第三，成都市人民政府办公厅转发市财政局市国土局关于《成都市国有土地使用权出让收支管理实施细则》的通知——成办发【2007】79号。

2.使用范围和标准

国有土地使用权出让收入包括：以招标、挂牌、拍卖、划拨、协议、改变用地性质等方式取得国有土地使用权的全部（含补缴）土地价款，还包括出租国有土地/房屋所取得的收入。

彻底的“收支两条线”：出让收入全额纳入地方政府基金预算管理。收入全部缴入地方国库，支出一律通过地方政府基金预算从出让收入中予以安排，地方国库中设立专账核算收支情况。

征收管理：财政部分负责征收管理，国土部门负责具体征收。

（1）征地和拆迁补偿支出

土地补偿费、安置补助费、地上附着物和青苗补偿费、拆迁补偿费等。

（2）土地开发支出

三/七通一平费用、贷款本息、办公经费等。

（3）支农支出

政策提出土地出让收入要重点向新农村建设倾斜。

①农民社保支出：

用于征地农转非人员的社保及养老保险等。成都市的计算公式为：征地农转非人员社会保险调节基金＝经营性用地的土地出让收入×用于农民社保的比例（成都城区为2%/其他区县为10%）。

②农地开发支出：

主要用于土地整理复垦、宜农未利用地的开发、基本农田建设等。计算公式为：农业土地开发资金＝土地出让面积×土地出让平均纯收益征收标准（对应所在地征收等别）×各地规定的土地出让金用于农业土地开发的比例（财政部规定不低于15%）。

③农村基础设施建设支出：

用于农村基础设施建设。计算公式为：农村基础设施建设费＝土地出让收入×用于农村基础设施建设的比例（不低于2%）。

④农民生活补贴：

按各区县政府规定和财政部门核定的预算执行。

（4）城市建设支出

道路、桥梁、绿地、厕所、消防等。

（5）其他支出

①新增建设用地土地有偿使用费：

用于基本农田建设和保护、土地整理、耕地开发等。计算公示为：新增建设用地土地有偿使用费＝出让土地面积×国土资源部、财政部核定的新增建设用地土地有偿使用费征收等别对应的标准，中央与地方（统一为省级国库）3∶7分成。成都城区为4等，80元/平方米；龙泉驿区为10等，28元/平方米。

②国有土地收益基金支出：

用于土地收购储备。成都的计算公示为：土地收益基金＝土地出让总收入×用于土地收购储备的比例（成都城区为2%/其他区县为4%）。

③廉租房保障支出：

用于购建城镇廉租住房、租赁住房补贴等。计算公示为：廉租房保障金＝（土地出让总收入－征地补偿费－拆迁补助费－农业土地开发资金－土地出让业务费）×5%左右。

④平抑房价补贴支出：

用于补贴修建廉租房、经济适房等。成都中心城区的计算公示为：平抑房价补贴金＝招牌挂出让的经营性土地面积×（成交价-基准地价）×10%。

⑤土地出让业务费：

土地勘测费、评估费、公告费、场地租金、招牌挂代理费和评表费用等，按财政部门核定的预算安排。

⑥国企职工安置费用支出等。

3.土地出让收支开设的三个科目

（1）农业土地开发资金

即支农支出中的农业土地开发支出，用于土地整理复垦、宜农未利用地的开发、基本农田建设等。

（2）国有土地收益基金

即其他支出中的国有土地收益基金，用于土地收购储备。

（3）国有土地使用权出让金

总成交价款扣减1项和2项的余额。

4.中央、省级/区县财政的分成比例

土地出让金总额的5%上缴中央财政，地方财政收取的土地出让金比例，由各省、自治区、直辖市和各计划单列市财政部门在核定合理的土地开发成本和住房价款的基础上，自行确定。

第四步
办理建设工程规划许可证

办理要点

建设单位送齐相关图纸、文件，规划管理部门受理申请后，将在法定工作日四天内审批完毕，经审核不同意的，规划管理部门将予以书面答复。审核同意的，由规划管理部门发给建设单位下列审批文件：（1）盖有“××市规划管理局”章的《建设工程规划许可证》正、副本1份；（2）盖有“××市规划管理局行政许可专用章”（骑缝章）的建施总平图1份；（3）要求建设单位制作现场公示牌的书面通知书1份。

注意事项

第一，建设单位缴费时间不计入承诺时限内。

第二，建设单位在取得《建设工程规划许可证》后，应在六个月内申请开工，逾期未开工又未提出延期申请的，《建设工程规划许可证》自行失效。

链 接

取得建设用地规划许可证之后，相关建设部门会提供规划设计条件，开发公司依据提供规划设计条件进行初步设计，通过建设部门审核后取得建筑工程规划许可证，接下来申请施工许可证之后开发公司才能施工。工程规划许可最主要的作用是：开发公司的建筑设计方案能否满足规划的要求，如：建筑高度、建筑密度、建筑主色调，是否与相邻建筑互相影响等。

实用范本

办理建设工程规划许可证申请表

报建总序号：

（建筑工程）

建设单位（盖章）：

法定代表人签字（盖章）：

联系人：

编号

<table>
<tr><td>类别</td><td colspan="2">名称</td><td>联系人</td><td>电话</td><td>地址</td></tr>
<tr><td>申请单位</td><td colspan="2"></td><td></td><td></td><td></td></tr>
<tr><td>设计单位</td><td colspan="2"></td><td></td><td></td><td></td></tr>
<tr><td>施工单位</td><td colspan="2"></td><td></td><td></td><td></td></tr>
<tr><td>工程地点</td><td colspan="2"></td><td></td><td></td><td></td></tr>
<tr><td>项目名称</td><td colspan="2"></td><td colspan="2">建设用地规划许可证文号</td><td></td></tr>
<tr><td rowspan="2">工程费用</td><td colspan="2" rowspan="2"></td><td rowspan="2">工程期限</td><td colspan="2">自　年　月　日起</td></tr>
<tr><td colspan="2">到　年　月　日止</td></tr>
<tr><td>建筑总面积</td><td colspan="2"></td><td>展期</td><td colspan="2"></td></tr>
<tr><td>用地面积</td><td colspan="2"></td><td colspan="3">原建筑物损坏情况或新建基地情况</td></tr>
<tr><td>项目批准文号</td><td colspan="2"></td><td colspan="3" rowspan="2"></td></tr>
<tr><td>土地批准文号</td><td colspan="2"></td></tr>
<tr><td>单项工程名称</td><td>层数</td><td>建筑高度</td><td>建筑面积</td><td>房屋结构</td><td>备注</td></tr>
<tr><td></td><td></td><td></td><td></td><td></td><td></td></tr>
<tr><td></td><td></td><td></td><td></td><td></td><td></td></tr>
<tr><td></td><td></td><td></td><td></td><td></td><td></td></tr>
<tr><td></td><td></td><td></td><td></td><td></td><td></td></tr>
<tr><td colspan="6">随表附件：
第一，建设项目批准文件1份；
第二，《建设用地规划许可证》复印件及批准红线图；
第三，土地证复印件1份；
第四，“设计方案审定意见书”及批准总平面图；
第五，建筑施工图1套、基础结构平面图1份（包括电子文件）；
第六，施工图设计审查批准书复印件1份；
第七，建筑工程消防设计审核意见书（原件）1份；
第八，翻建项目须报拆迁面积申报核准及拆除范围红线图1份</td></tr>
</table>

续表

建设单位主管部门意见 签章	城区街道办（镇村建所）意见 签章	环保部门意见 签章
国土资源局意见	公安消防部门意见 取得消防审核意见书后签章	白蚁防治所意见 签章
墙改办公室意见 签章	人防办意见 签章	城管局意见 签章
市政公用局意见 签章	建设局意见 签章	市规划局吴中分局意见 签章

填表须知：

1. 凡在我市辖区内的一切建设工程，均应严格执行《中华人民共和国城市规划法》《××省实施〈中华人民共和国城市规划法〉办法》《××市城市规划条例》，并符合城市总体规划要求。

2. 建设单位须如实填写本表，加盖单位公章及法定代表人签名或盖章后方可申报。

第五步
办理建筑工程施工许可证

办理要点

第一，建设单位向发证机关领取《建筑工程施工许可证申请表》。

第二，建设单位持加盖单位及法定代表人印鉴的《建筑工程施工许可证申请表》，并附本办法第四条规定的证明文件，向发证机关提出申请。

第三，发证机关在收到建设单位报送的《建筑工程施工许可证申请表》和所附证明文件后，对于符合条件的，应当自收到申请之日起15日内颁发施工许可证；对于证明文件不齐全或者失效的，应当限期要求建设单位补正，审批时间可以自证明文件补正齐全后作相应顺延；对于不符合条件的，应当自收到申请之日起15日内书面通知建设单位，并说明理由。

注意事项

第一，建设单位申请领取施工许可证的工程名称、地点、规模，应当与依法签订的施工承包合同一致。施工许可证应当放置在施工现场备查。

第二，建设单位应当自领取施工许可证之日起3个月内开工。因故不能按期开工的，应当在期满前向发证机关申请延期，并说明理由；延期以两次为限，每次不超过3个月。

第三，对于未取得施工许可证或者为规避办理施工许可证将工程项目分解后擅自施工的，由有管辖权的发证机关责令改正，对于不符合开工条件的责令停止施工，并对建设单位和施工单位分别处以罚款。

链 接

工程投资额在30万元以下或者建筑面积在300平方米以下的建筑工程，可以不申请办理施工许可证。省、自治区、直辖市人民政府建设行政主管部门可以根据当地的实际情况，对限额进行调整，并报国务院建设行政主管部门备案。

按照国务院规定的权限和程序批准开工报告的建筑工程，不再领取施工许可证。

必须申请领取施工许可证的建筑工程未取得施工许可证的，一律不得开工。任何单位和个人不得将应该申请领取施工许可证的工程项目分解为若干限额以下的工程项目，规避申请领取施工许可证。

实用范本

建筑工程施工许可申请表

工程简要说明：＿＿＿＿＿＿＿＿＿＿＿＿＿＿＿＿

工程名称			
建设地点			
建设单位名称		所有制性质	
建设单位地点		电　话	
法定代表人		领证人	
合同价格	万元；其中外币（币种＿＿＿万元）		
建设规模		结构类型	
合同开工日期		合同竣工日期	
施工总承包单位： 法定代表人（盖章） 单位（盖章） 年　月　日			
申请单位： 法定代表人（盖章） 单位（盖章） 年　月　日			

建设单位提供文件或证明材料统计表

建设工程用地许可证	
建设工程规划许可证	
拆迁许可证或施工现场是否具备施工条件	
中标通知书及施工合同	
施工图纸及技术资料	
施工组织设计	
监理合同或建设单位工程技术人员情况	
质量、安全监督手续	

续表

资金保函或证明	
其他资料	
审查意见 经办人： 审查人：	
注：此栏中应填写文件或证明材料的编号，没有编号的，应由经办人审查文件或资料是否完备。	
市场组意见 签名：	
安监站意见 签名：	
建管处审核 签名：	
领导审批 签名：	
备　注	

工程经理营养餐

营养标签

施工进度计划是施工单位进行生产和经济活动的重要依据。

营养密码

施工进度计划的实施就是施工活动的进展，也就是用施工进度计划指导施工活动的落实和完成计划。

营养建议

第一，建立各层次的计划，形成计划保证系统。施工项目的所有施工进度计划包括：施工总进度计划、单位工程施工进度计划、分部分项工程施工进度计划。

第二，签订承包合同或下达施工任务书。项目经理、施工队和作业班组之间分别签订承包合同，按计划目标明确规定合同工期、相互承担的经济责任、权限和利益。

第三，使有关人员都明确各项计划的目标、任务、实施方案和措施，使管理层和作业层协调一致，将计划变成职工的自觉行动。

第四，做好施工中的协调工作。施工中的协调是组织施工中各阶段、环节、专业和工种的互相配合、进度调整的指挥核心。

超级链接

施工进度计划表

施工进度计划表见下页。

施工进度计划表

分部分项工程名称	每日工作人数	工程量		工时	××年				××年					××年				
	人	数量	单位	天	×月	×月	×月	×月	×月	×月	×月	×月	×月	×月	×月	×月	×月	×月
施工准备																		
基础开挖																		
混凝土基础施工																		
一层砌体																		
一层顶结构																		
二层砌体																		
二层顶结构																		
三层砌体																		
三层顶结构																		
四层砌体																		
四层顶结构																		
五层砌体																		
五层顶结构																		
六层砌体																		
六层顶结构																		
屋面防水																		
内墙抹灰																		
外墙抹灰																		
楼地面工程																		
内墙涂料																		
外墙涂料																		
门窗工程																		
安装工程																		
零星工程																		
竣工清理																		
竣工验收																		

兵法四

坚守工程施工三大黄金期，攻克开发过程阻隔

CHAPTER FOUR

»» »»

坚守工程施工三大黄金期，攻克开发过程阻隔

1

施工

准备期

做好施工项目的施工准备工作，对于发挥企业优势、合理配置资源、加速施工速度、提高工程质量、降低工程成本、保证工程合同履约和增加企业经济效益，都有极为重要作用。

2

施工

进行期

一个工程效益的好坏，主要在于工程进度和质量的管理，进度、质量两个目标是一个系统，工程施工期间的管理就是要解决好两者的矛盾，既要进度快，又要质量好。

3

施工

收尾期（竣工验收）

尽管收尾工作本身的技巧和努力很重要，但收尾工作做的好坏与否，与平时所做的工作有着根本的关系。

第一期
施工准备期

一、制订项目工程管理策划书

制订要点

管理策划书的思路：传统的工程管理学所注重的是质量(安全)、进度及投资三大控制，决定这三大控制成功与否的因素，往往却是计划(目标)管理、交界面管理与风险管理是否到位。其中，交界面管理既包括项目部各业务口之间的配合，也包括项目部与政府部门、合作单位之间的配合。

工程部负责“项目工程管理策划书”的制订，并按审批流程表进行相关部门流转审批。施工单位招标前15天内提交。

注意事项

传统的工程管理往往不重视管理策划，以致在综合性大型项目的管理中经常会出现组织重叠、职责分工不明、计划制定针对性不强、工作内容不具体、信息不通畅、工程进度拖延等问题。策划书旨在帮助工程管理人员在项目开工前对工程管理进行全局策划，明确工程定位、管理目标及进度计划，理顺工程管理思路，对管理过程可能出现的难点及风险进行分析与预控，并综合考虑销售配合及采购招标等相关工作，使项目的工程管理具有科学性与前瞻性。

链　接

项目策划是对可行性研究工作的深入，是公司内部为协调项目运作各方面和各环节而做的具体准备工作，与设计阶段的初步设计及扩大初步设计阶段相类似或对应。在时间上，项目策划阶段与方案设计和初步设计的时间段允许有所交叉，且互相支持、互为条件。

项目策划的目的是为了准确把握市场契机，满足市场需求；为了贯彻公司产品策略和技术标准；为了严格进行项目成本和运作周期的事前控制；为了尽量减少项目后期的风险和洽商。

在项目策划阶段，应该尽量征询市场和客户的意见，尽量将公司各个相关部门的意见和建议进行汇总，从而规避运作风险，保证项目经得起市场的考验。

实用范本

天津××·××世界工程管理策划书

第一章　工程概况及项目总平面图

1.项目概况

天津××·××世界项目位于天津市津南区双港镇，东侧为津沽路、南侧为规划中的赤龙街、西侧为第五大街、北侧紧邻双港中学，工程总占地面积：377477.76平方米，总建筑面积：约57万平方米，一期工程建筑面积：约11.8万平方米。一期工程由37栋单体建筑组成，各楼栋建筑结构情况如下：

栋号	层数	地下室	结构形式	建筑面积（m^2）
B1	2	无	框架结构	1260
B2	1	无	框架结构	551
B3	1	地下热力站	框架结构	640
B4	5.5	无	短肢剪力墙结构	3870
B5	4.5	含架空层	短肢剪力墙结构	3736
A17、A20、A23、A25	4.5	1	短肢剪力墙结构	16750
B7、B8、B11、A3、A5、A9、A11、A21、A24、A31	4.5	无	短肢剪力墙结构	26250
A10、A12、A18、A26	4.5/8.5	无	短肢剪力墙/剪力墙结构	15683
B6、A1、A4、A16、A19、A22	5.5	无	短肢剪力墙结构	14742
A2、A6、A15	9	无	剪力墙结构	11377
A32、A33、A34	11	1	剪力墙结构	9252
A7	5.5/9.5	无	短肢剪力墙/剪力墙结构	2750
A8	4.5/9	无	短肢剪力墙/剪力墙结构	2835

2.项目总平面图

3.项目工程管理的特点和难点

一期共37个单体建筑物，总共11.8万平方米同步开工，明年底竣工，包括室外道路、管线整个施工工期为10个月，工程量大，时间紧。

示范区轴网复杂，放线难度大、施工难度大，工期紧。

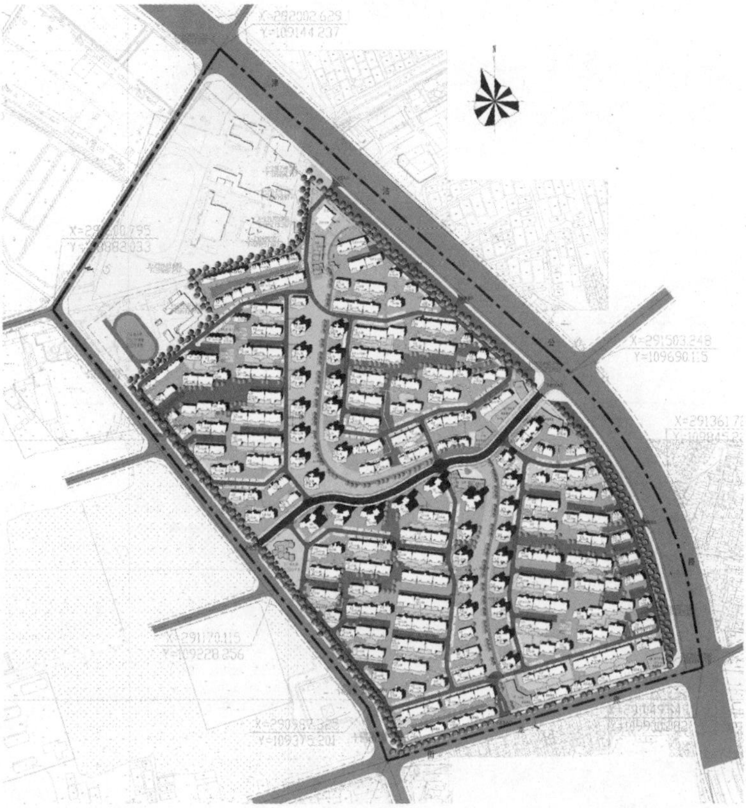

建筑物业形态多样，多层、小高层、人防地下车库并存，工程管理难度大。

第二章　项目的组织架构与岗位职责

1.整个项目开发过程中各单位的组织架构、职责及管理关系

2.工程部组织架构及岗位职责

（1）工程部组织架构

（2）工程部工作职责及岗位职责

①工程部的定位

工程部是在公司的领导下代表企业履行施工承包与材料采购合同，按合同要求完成项目建设任务的项目管理机构。工程部是一个组织体，要具有凝聚管理人员的力量并调动其积极性，促进管理人员的合作；协调公

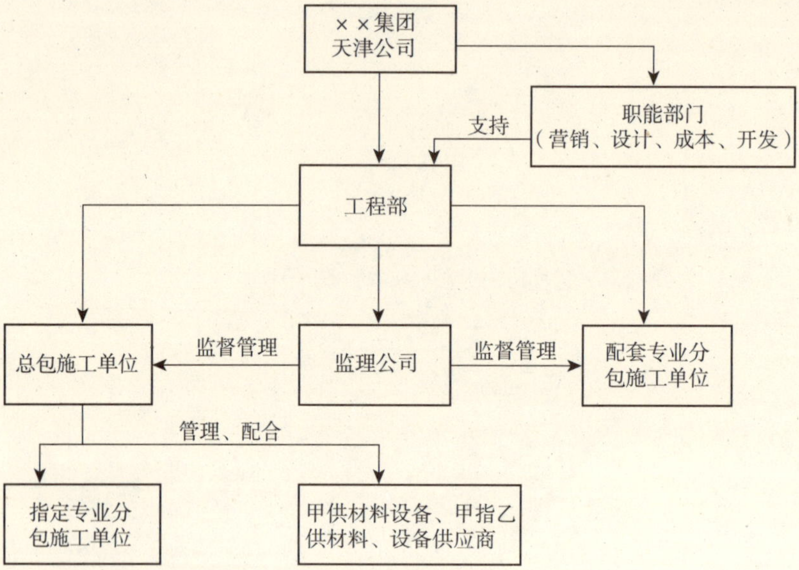

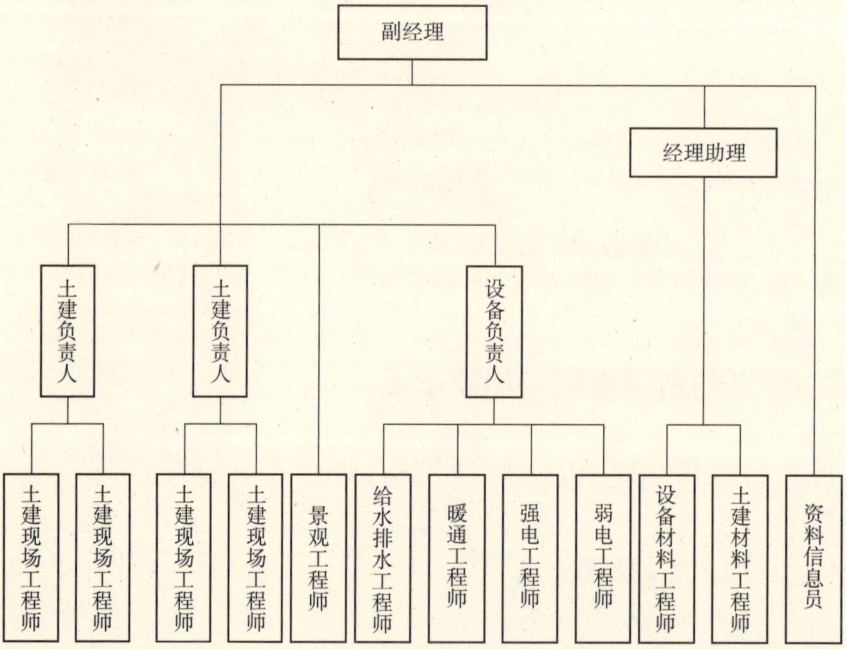

司职能部门之间、管理人员之间的关系，发挥每个人的岗位作用；协调与公司各部门、政府主管部门、监理单位、总承包商、指定分包单位、独立分包单位、材料供应商等的关系。

②工程部的工作内容

负责施工准备阶段、施工管理阶段的进度、质量、成本、安全文明施工的控制及材料采购管理。项目控制要素的具体工作分工如下表：

工作内容		责任部门
报批报建	项目前期报批报建工作：办理《工程建设施工许可证》；办理质量监督；办理安全监督手续；办理施工用水；办理施工用电；办理施工用水排放许可；办理临时施工路口报批；办理临建施工报批；等等	工程部负责，项目开发部配合
开工准备	现场确定红线点；场地拆迁清理；复核单体建筑的放线工作；围墙、道路及临时设施施工；市政配套管线到位情况的进一步落实；等等	工程部
计划体系	“分期项目开发总体计划”	计划督办负责，工程部配合
	“总包单位、监理单位、分包单位进场计划”	由工程部提供给成本部，由成本部组织协调招投标工作
	“材料、设备、构配件进场计划”	
施工及监理单位确定	施工单位考察、技术标书、技术合同、招标	工程部负责单位考察、技术标书和技术合同，成本管理部负责招标及合同工作
	监理单位考察、技术标书、技术合同、招标	
零星工程及材料	5万元以下零星工程施工单位、2万元以下零星材料供应商确定及合同	工程部负责，由成本管理部监控
图纸及方案评审	初步设计、各专业施工图纸专家评审	设计部负责，工程部、成本管理部参与
	基础及主体工程施工图纸会审及其施工组织设计审定	工程部组织，设计部、成本管理部参与
材料、设备、构配件	选样、定板	设计部负责
	制订《材料、设备、构配件进场计划》	工程部负责
	甲供材料设备招标及合同工作	成本管理部负责，设计部、工程部参与
	甲供材料设备的到货验收	工程部负责
	负责审核乙方自行分包的分承包商及乙定乙供有信息价材料品牌	工程部负责
工程验收	基础验收	工程部负责
	主体结构验收	
	工程竣工验收	
	各专业工程验收（规划、燃气、消防、配套、电梯等）	

③工程部工作职责

负责与工程有关的报批报建工作。

负责编写工程管理有关的工程计划，内容包括：负责编写“总包单位、监理单位、分包单位进场计划”，并组织实施；负责编写“材料、设备、构配件进场计划”，并组织实施；负责编写“工程开工前准备工作计划表”及“××项目××专业工作计划”，并组织实施。

负责组织对承建商/供货商考察，编制“承建商/供货商考察报告”及技术标书和技术合同；审核乙方自行分包的分承包商及乙定乙供有信息价材料品牌；审核乙方上报的施工方案、施工措施；审批乙方上报的工程联系单；负责项目施工各阶段设置定期不定期检查及诸多控制点；每月组织对工程质量及安全进行全面检查；负责按照政府有关规定组织正式验收；负责组织项目验收及办理墙改及水泥基金退还手续；负责督促项目移交工作。负责项目工程经验总结及项目后评估工作。

④工程部分管领导工作职责

第一，负责协调施工总包单位、施工监理单位的招投标工作；

第二，全面负责项目工程质量、进度、成本，完成公司下达的建设任务；

第三，执行公司发布的各项指令，接受公司各业务部门的指导、检查、监督。

⑤工程部分管领导工作权限

第一，对总价在5万元以下零星工程合同及2万元以内零星材料采购合同的审批权；

第二，对资深以上专业工程师聘用及辞退的审批权；

第三，对奖金分配的审核权；

第四，按部门管理制度对员工的奖惩的审批权；

第五，对工程部负责人的升职、加薪建议权；

第六，对资深以上员工升职、加薪的审核权。

⑥工程部副经理职责

第一，全面负责与工程有关报批报建、验收工作以及开工准备工作；

第二，全面负责施工单位、监理单位、分包施工单位的考察工作；

第三，全面负责施工管理协调工作；

第四，全面负责与工程有关的工作计划并监控其实施；

第五，全面负责工程质量工作；

第六，全面负责设计变更的现场控制及现场签证工作；

第七，定期或不定期负责组织各专业工程师对施工单位进行进度、质量、安全、文明施工、场容场貌等方面的考核；

第八，全面负责工程部专业人员工作指导和培训及考核工作；

第九，全面负责工程经验总结和项目后评估工作。

⑦工程部副经理工作权限

第一，对总价在5万元以下零星工程合同、总价在2万元以下零星材料采购合同的审核权；

第二，在与人力资源部协商的基础上，有选择专业工程师聘用权、员工辞退权；

第三，有奖金分配建议权以及按部门管理制度对员工的奖惩权；

第四，有员工升职、加薪建议权。

⑧工程部经理助理工作职责

第一，协助工程部副经理完成其职责；

第二，负责“分期项目总体开发计划”“总包单位、监理单位进场计划”的编制；

第三，负责项目前期相关报批报建工作：办理“工程建设施工许可证”；办理质量监督、安全监督手续；办理临时施工路口报批手续；办理临建施工报批手续。

⑨专业工程师岗位职责

A.土建负责人

负责结构专业工程图纸的全面审核工作，包括审核图纸内工艺要求、材料的选用要求；负责施工现场准备工作：确定红线点；场地拆迁清理；复核单体建筑的放线工作；围墙、道路及临时设施施工。

负责协调组织施工场地向施工单位移交工作；负责“工作范围内分包施工单位进场计划”、“工作范围内材料、构配件进场计划”的编制，并控制各单位、材料、构配件的进场时间；负责全面协调施工过程中土建、给水排水、电气、暖通专业之间的配合工作。

在工作范围内，负责协调解决工程进行中的技术问题，负责指导监理公司、施工单位的工作，使工程进度、工程质量达到金地公司的要求，对重点部位及易出现通病部位和监理工程师一起进行专项验收，并对各分项组织抽验；协调组织工程建设中的基础、主体、竣工等验收工作，全面协调与物业公司的工程交接工作；负责工作范围内设计变更的现场控制工作及现场签证审核工作。

工作范围：结构工程、内、外装工程、防水工程、门窗工程、道路工程，等等。

B.土建现场工程师

第一，复核进场材料质量和数量；

第二，实际掌握施工单位现场施工人员资格及数量；

第三，实际掌握施工进度情况，及时向区域负责人反应进度滞后情况；

第四，对现场工程质量进行巡视，重点部位进行旁站；

第五，实际测量现场签证的工程数量，并拍摄照片进行记录。

C.给水排水工程师

负责给水排水设计及设备、材料的选用工作；负责给水排水专业工程图纸的全部审核工作，包括审核图纸内工艺要求、材料、设备的选用要求。

负责项目前期相关报批报建工作：办理施工临时用水手续；办理施工临时排水手续；负责施工现场准备工作：协调市政配套管线施工工作。

负责协调组织工作范围内分包施工单位的考察工作；负责"工作范围内分包施工单位进场计划""工作范围内材料、设备进场计划"的编制，并控制各单位、材料、构配件的进场时间；负责配合土建、暖通、电气专业工作；在工作范围内，负责协调解决工程进行中的技术问题，负责指导监理公司、施工单位的工作，使工程进度、工程质量达到金地公司的要求，对重点部位及易出现通病部位和监理工程师一起进行专项验收，并对各分项组织抽验；负责协调组织工程建设中的专业验收工作，配合完成物业公司的工程交接工作；负责工作范围内设计变更的现场控制工作及现场签证工作。

工作范围：室内、外给水排水工程、市政工程、消防工程、中水工程、水景工程、燃气工程等及相关报批、验收手续等。

D.暖通工程师

负责暖通设计及设备、材料的选用工作；负责暖通专业工程图纸的全部审核工作，包括审核图纸内工艺要求、材料、设备的选用要求；负责协调组织工作范围内分包施工单位的考察工作；负责"工作范围内分包施工单位进场计划""工作范围内材料、设备进场计划"的编制，并控制各单位、材料、构配件的进场时间；负责配合土建、给水排水、电气专业工作。

在工作范围内，负责协调解决工程进行中的技术问题，负责指导监理公司、施工单位的工作，使工程进度、工程质量达到公司的要求，对重点部位及易出现通病部位和监理工程师一起进行专项验收，并对各分项组织抽验；负责协调组织工程建设中的专业验收工作，配合完成物业公司的工程交接工作。

负责工作范围内设计变更的现场控制工作及现场签证工作；工作范围：暖通空调工程及相关报批、验收手续等。

E.电气工程师（强电）

负责指导强电设计及设备、材料的选用工作；负责强电专业工程图纸的全部审核工作，包括审核图纸内工艺要求、材料、设备的选用要求；负责项目前期相关报批报建工作：办理施工临时用电手续等；负责施工现场准备工作：协调市政配套管线施工工作；负责协调组织工作范围内分包施工单位的考察工作。

负责“工作范围内分包施工单位进场计划”“工作范围内材料、设备进场计划”的编制，并控制各单位、材料、构配件的进场时间；负责配合土建、给水排水、暖通、燃气等专业工作。

在工作范围内，负责协调解决工程进行中的技术问题，负责指导监理公司、施工单位的工作，使工程进度、工程质量达到公司的要求，对重点部位及易出现通病部位和监理工程师进行专项验收，并对各分项组织抽验；负责协调组织工程建设中的专业验收工作，配合完成物业公司的工程交接工作；负责工作范围内设计变更的现场控制工作及现场签证工作；工作范围：强电工程、消防工程等及相关报批、验收手续等。

F.电气工程师（弱电）

负责指导弱电设计及设备、材料的选用工作；负责弱电专业工程图纸的全部审核工作，包括审核图纸内工艺要求、材料、设备的选用要求；负责协调组织工作范围内分包施工单位的考察工作；负责“工作范围内分包施工单位进场计划”“工作范围内材料、设备进场计划”的编制，并控制各单位、材料、构配件的进场时间；负责配合土建、给水排水、暖通、燃气等专业工作。

在工作范围内，负责协调解决工程进行中的技术问题，负责指导监理公司、施工单位的工作，使工程进度、工程质量达到公司的要求，对重点部位及易出现通病部位和监理工程师一起进行专项验收，并对各分项组织抽验；负责协调组织工程建设中的专业验收工作，配合完成物业公司的工程交接工作；负责工作范围内设计变更的现场控制工作及现场签证工作。

工作范围：弱电工程及相关报批、验收手续等。

G.景观工程师

负责指导景观设计及环境材料的选用工作；负责景观专业工程图纸的全部审核工作，包括审核图纸内施工要求、材料、设备的选用要求；负责组织景观施工单位的考察及入围工作；负责“景观施工单位进场计划”“景观材料进场计划”的编制，提交成本部作为编制招标计划的依据，并控制各单位、材料、构配件的进场时间；负责配合土建、电气、给水排水、暖通、燃气等专业工作。

在工作范围内，负责协调解决工程进行中的技术问题，负责指导监理公司、施工单位的工作，使工程进度、工程质量达到公司的要求，对重点部位及易出现通病部位和监理工程师进行专项验收，并对各分项组织抽验；配合完成物业公司的工程交接工作；负责工作范围内设计变更的现场控制工作及现场签证工作。

工作范围：室外环境工程。

H.机电材料工程师

第一，负责给水排水、暖通、电气的甲供或甲定乙供材料、设备的供应商考察；

第二，负责给水排水、暖通、电气的甲供或甲定乙供材料、设备的技术标书、技术合同编写；

第三，负责给水排水、暖通、电气的甲供材料、设备供货合同的执行；

第四，负责给水排水、暖通、电气的甲供材料、设备供货现场验货、接收、移交工作；

第五，负责给水排水、暖通、电气的甲供材料、设备货款支付工作；

第六，负责给水排水、暖通、电气的甲供材料、设备供应商评价工作；

第七，负责给水排水、暖通、电气的甲供材料、设备供应商数据库建设工作。

I.土建材料工程师

第一，负责土建、环境工程的甲供或甲定乙供材料、设备的供应商考察；

第二，负责土建、环境工程的甲供或甲定乙供材料、设备的技术标书、技术合同编写；

第三，负责土建、环境工程的甲供材料、设备供货合同的执行；

第四，负责土建、环境工程的甲供材料、设备供货现场验货、接收、移交工作；

第五，负责土建、环境工程的甲供材料、设备货款支付工作；

第六，负责土建、环境工程的甲供材料、设备供应商评价工作；

第七，负责土建、环境工程的甲供材料、设备供应商数据库建设工作。

J.资料信息员

往来文件收发、传阅、归档；信息监控、上传；竣工验收备案资料落实；部门日常内务管理。

工作范围：资料信息工作。

（3）监理单位及总承包单位可能的架构及其他

①监理组织架构图

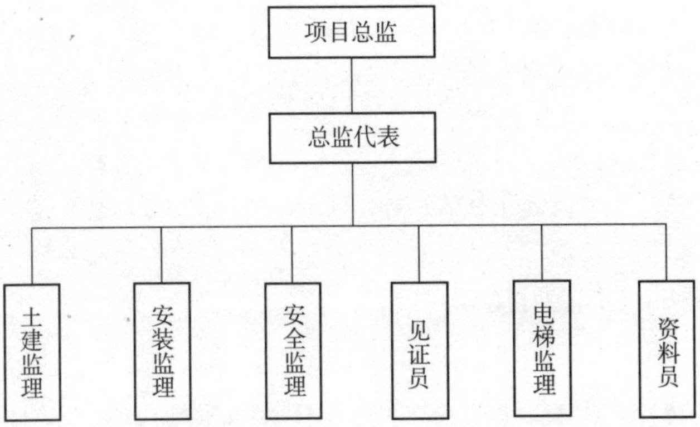

②总包组织架构

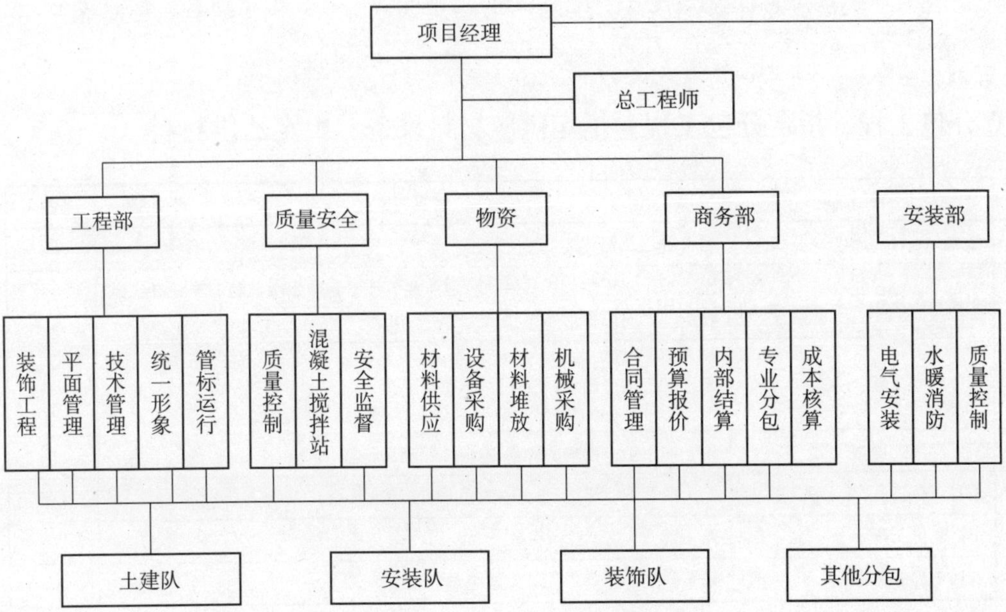

第三章　项目的范围划分

1.总承包商施工范围划分原则

第一，划分为2～3个标段，以利于施工中对总包单位评比、产生良性竞争；
第二，物业类型相近，以利于总包单位合理安排人、材、机及流水施工；
第三，场地集中，便于施工；
第四，有利于工程管理、验收、备案等工作。

2.划分方案

根据以上原则，经公司领导及招标小组讨论，确认按以下方案进行总包招标：
示范区：B1~B5楼，建筑面积约1万平方米；
一期一标段：B6~B8、B11、A1~A4、A31~A34楼，建筑面积约4万平方米；
一期二标段：A5~A26号楼，建筑面积约6.8万平方米。

3.总承包商、分包商的工作范围

工程承包范围内建筑、结构、水电施工图中除甲方另行分包、甲供材料设备所列项目以外的工程内容及甲方分包所列项目中的预埋（留）件、暗配及构件（或设备、部件等）安装后的堵补。室外散水坡、首层阳台主体及装饰工程、私家花园围墙主体及装饰、私家花园内、室外楼梯铺装工程及室外楼梯上的花池主体和装饰工程、私家花园土方回填至园建图纸要求标高、竣工后的建筑垃圾及时清理、成品保护、竣工前和移交给物业公司前的外墙面砖的清洗、现场协调、现场配合验收、保修期内维修和保修、因质量问题引起的维修和更换、技术指导及技术培训等。

4.独立分包工程、指定分包工程、指定供应材料设备、甲定乙供材料

序号	项目名称	结算方式	责任人
一	独立分包工程	配合管理费费率	
1	小区供配电工程	无（施工水电由总包提供，分包商挂表计量，费用由总包向专业分包商收取）；室内表后由总包施工	
2	室外给水工程	无（同上）；出墙1.5m以内由总包施工	
3	室外污水、雨水工程	无（同上）；出墙1.5m以内由总包施工	
4	室外供热工程	无（同上）；出墙1.5m以内由总包施工	
5	小区燃气工程	无（同上）	
6	有线电视安装工程	无（同上）；室内管路排放由总包施工	

续表

序号	项目名称	结算方式	责任人
7	电话、网络工程	无（同上）；室内管路排放由总包施工	
8	小区智能化工程	无（同上）；室内管路排放由总包施工	
9	泵房设备安装工程	出泵房1.5m由总包施工，泵房电气埋管由总包施工	
二	指定分包工程	配合管理费费率（不含设备费用）	
1	桩基工程	无	
2	土方工程	无	
3	铝合金门窗（包括五金件、玻璃、铝型材等）	2%	
4	幕墙、玻璃雨篷	2%	
5	空调百叶	2%	
6	单元门	2%	
7	入户门	2%	
8	阳台栏杆工程	2%	
9	电梯采购、安装	安装费2%	
10	人防工程	2%	
11	消防工程	2%	
12	样板楼、售楼处精装修工程	样板房每套1500元；售楼处3000元	
13	园林景观工程		
三	甲购材料	结算方式	
1	外墙面砖	安装或施工单价包括辅材、人工、机械等直接费用、间接费用及利润与税金；主材预算价格在取费之后在税前扣除，以求得施工或者安装单价	
2	内外墙涂料		
3	楼地面及墙面砖		
4	外墙、屋面保温板	同上	
5	屋面瓦		
6	散热器及温控阀		
7	水表、电表、气表、热表		
8	对讲设备		
9	用户箱、电表箱、配电箱		
10	风机		
11	通风系统部件及阀门		
12	空调设备及部件阀门		
13	消防设备		
14	水泵		

续表

序号	项目名称	结算方式	责任人
15	公共应急照明灯具		
16	室外灯具		
17	信报箱		
18	停车位（植草砖、停车杆）		
19	车行道减速坡、止车石		
20	人行道砖		
21	广场砖/室外石材		
22	室外井盖		
23	栏杆		
24	室外小品（座椅、垃圾箱、儿童游乐设施、成品花盆）		

甲定乙供（甲方指定品牌范围）材料

序号	名称	指定品牌	责任人
一	电气设备安装工程		
	开关、插座		
	公共部分普通灯具		
二	给水排水工程		
	静音排水管		
	地漏		
	冷热水用聚丙烯管		
	截止阀、闸阀、蝶阀、球阀、止回阀、浮球阀、减压阀		
三	供热工程		
	铝塑复合管		
四	防水材料		

注：1.乙方应优先选用上述指定品牌的材料，如要采用上述品牌以外的产品时，须报甲方考察确定。并：当其他品牌获甲方认可时，其就该材料所作报价仍对乙方具有约束力，即乙方须以不高于该材料的报价去购买相同档次或更高档次的材料。

2.甲方另行分包的工程，乙方如有相应施工资质，则可参与投标，在同等条件下，甲方优先考虑由乙方中标。

3.所有甲方指定分包工程、甲购材料，需签订三方合同。

第四章　工程进度管理

1.项目总控制计划

省略

2.工程施工进度节点计划

省略

3.工程进度计划的特点

第一，整个项目同步开工，同步竣工验收、完成备案工作，对项目整体工期要求高。

第二，配合销售要求，销售大厅在2006年4月28日交付，以临时建筑申报施工。

第三，配合销售要求，2006年3月25日示范区需做样板楼，2006年5月10需做室外景观，与主体工程交叉作业，同步施工，总包施工的工序安排难度大。

第四，项目报批报建工作相对滞后，桩基需先行施工，总包招标工作时间需压缩。

第五，外墙采用外保温措施，外墙面作业工序增加，外架拆除时间加长，影响室外综合管线的进场作业。

4.工程进度控制措施

（1）总包施工进度计划审核

施工合同签订后，项目开工前，总承包商根据施工合同要求编制《施工组织设计》和《项目总施工进度计划》，上报监理公司。

监理公司审核总承包商《项目总施工进度计划》的合理性和可行性，及《施工组织设计》中有关施工进度计划的技术保证措施和项目管理保证措施的有效性。审核通过后，则转送工程部审核。

工程部着重审核总承包商《项目总施工进度计划》与《项目总控制计划》的各关键工期节点的符合性。对其中配合销售的工作应有具体的安排。

对其中的不符合项，督促总包单位进行整改；审批通过后的《项目总施工进度计划》将作为总包合同的一部分。总承包商按批准的《项目总施工进度计划》组织施工，监理公司按此计划进行监督。

（2）施工过程中施工进度计划审核

施工总承包商按照《项目总施工进度计划》编制施工月度计划、周计划，监理公司予以审核各细部计划与《项目总施工进度计划》的符合性和合理性，并提交工程部审查。

（3）总包施工协调管理

对于甲方分包工程和甲方供货材料，总承包商按合约规定收取总包管理费，将其纳入总包管理范围之内。总包在编制《项目总施工进度计划》时，应充分考虑甲方分包工程和甲方供货材料的影响，将其编制在内。

施工过程中，总包应按时组织甲方分包工程和甲方供货材料的进场，为其提供必要的作业条件和作业环境。

工程部负责协调和监督总包和甲方分包工程、甲供材料供应商的关系。

（4）奖惩机制

除了一般的奖惩制度外，在合同中、施工过程中根据需要，增加关键节点奖惩机制：配合销售工作、主体封顶、外架拆除等。

工期目标处罚措施：

①施工过程中的节点计划处罚标准

每一栋楼的每一个关键节点每拖延一天处罚2000元。每一栋楼设四个关键节点，即基础工程、结构封顶、外脚手架拆除、单体竣工。

②整体工程的竣工备案计划，每拖延一天处罚5万元。

（5）甲方分包工程施工进度计划控制

各分包商在进场前，工程部对其施工周期要求进行交底，各分包商按照要求编制《施工进度计划》，并上交《施工组织设计》，工程部联合监理公司审核《施工组织设计》中机械设备配置、人力资源配置、材料供应计划能否满足施工进度要求，提出整改意见，反馈给各分包商，各分包商修正后重新报审。

（6）公司内部计划协调

工程部与成本部、设计部、销售部沟通，在充分考虑总包、分包、甲供、限价及指定品牌材料清单、招投标计划、设计计划、营销计划的基础上，根据《项目总控制计划》要求，编制切实可行的相关工作计划：

“总施工进度计划”——工程部编制；

“分包队伍进场计划”——工程部编制，提交成本部，作为编制《招标考察计划》的依据；

“甲供材料进场计划”——工程部编制，提交成本部，作为编制《招标考察计划》的依据；

“招标计划”（包括考察、技术标、出图、样板确认计划）——成本部编制，设计部、工程部确认执行；

当施工计划、招投标计划、设计计划、营销计划中某一项发生变化时，工程部组织召开工程协调会，在不影响公司《项目发展计划》关键目标的前提下，协调调整各有关计划；对影响公司“项目发展计划”关键目标的，应上报公司总经理层。

工程部将调整后的“项目总控制计划”下发至监理公司和总承包商，总承包商相应调整施工计划，重新报监理公司和工程部审核。

（7）总包计划控制

总承包商按照“项目总施工进度计划”和各细部施工计划组织施工。

每周监理例会，工程部和监理公司负责审核上周工程完成情况，与上周施工计划作对比，对工期滞后情况，监理公司协助总承包商查明原因，制定切实可行的赶工措施方案，以满足月度施工计划，该方案报工程部存档。

每月总承包商提交“工程月报”，工程部和监理公司负责审核上月工程完成情况，与上月施工计划作对比，对工期滞后情况，监理公司协助总包查明原因，制定切实可行的赶工措施方案，赶工效果应体现在下月施工进度计划中，以满足“项目总施工进度计划”，该方案报工程部存档。

第五章　工程质量及安全管理

1.工程质量与安全管理目标

（1）工程质量管理目标

工程质量达到天津“海河杯”标准；

项目入伙时：（毛坯房标准）总投诉率<90条／每百户的有效投诉率。

（2）安全文明施工管理目标

市级文明工地标准

（3）工程质量与安全管理依据

①现行国家有关的规程、规范：

《建筑地基基础工程施工质量验收规范》GB 50202-2002

《砌体工程施工质量验收规范》GB 50203-2002

《混凝土结构工程施工质量验收规范》GB 50204-2002

《钢结构工程施工质量验收规范》GB 50205-2001

《屋面工程质量验收规范》GB 50207-2002

《建筑地面工程施工质量验收规范》GB 50209-2002

《建筑装饰装修工程质量验收规范》GB 50210-2001

《建筑给水排水及采暖工程施工质量验收规范》GB 50242-2002

《通风与空调工程施工质量验收规范》GB 50243-2002

《建筑电气工程施工质量验收规范》GB 50303-2002

《建筑工程施工质量验收统一标准》GB 50300-2001

《住宅装饰装修工程施工质量验收规范》GB 50327-2001

《建筑工程文件归档整理规范》GB/T 50328-2001

《建筑地基处理技术规范》JGJ 79-2002

《建筑桩基技术规范》JGJ 94-94

《玻璃幕墙工程技术规范》JGJ 102-2003

《铝合金门》GB/T 8478-2003

《铝合金窗》GB/T 8479-2003

《建筑玻璃应用技术规程》JGJ 113-2003

《建筑施工安全检查标准》JGJ 59-99

《施工现场临时用电安全技术规范》JGJ 46-2005

《建筑施工现场环境与卫生标准》JGJ 146—2004

②现行天津市有关的标准、规定：

名　称	编　号	备　注
预应力混凝土管桩技术规程	DB 29-110-2004	
房屋建筑工程施工组织设计编制标准	DB/T 29-115-2004	
居住建筑节能工程施工技术规程	DB 29-125-2005	
居住建筑节能工程质量验收规程	DB 29-126-2005	
钢筋混凝土异形柱结构技术规程	DB 29-16-2003	
天津市住宅建设智能化技术规程	DB 29-23-2000	
天津市建设工程施工现场安全管理规程	DB 29-113-2004	
天津城市道路绿化建设标准	DB 29-80-2004	
天津市住宅装饰装修工程技术标准	DB 29-35-2004	
天津市城市住宅建设标准及管理规定	DB 29-22-200-03	
建设事业IC卡应用标准	DBT 29-64-2004	
天津市建设工程文件归档整理规程	DB/T 29-86-2004	

③本企业标准（略）：

当同一事件适用的国家法律、法规、规程、规范；地方规程、规定与企业标准三者之间有不一致时，以标准高者为适用条件。

④质量与安全管理奖罚措施

A.质量目标奖罚措施

工程质量需达到海河杯标准，若获得海河杯按所获奖工程的单体建筑面积奖励10元/平方米。

B.文明施工的目标处罚措施

工程获得市级文明工地的称号，按总建筑面积奖励2元/平方米，奖罚对等；工程施工过程中的文明施工，按市级文明工地的标准进行检查，按总建筑面积奖励2元/平方米，奖罚对等。

2.质量与安全管理指导思想

（1）依靠监理的力量控制质量及安全

监理单位是现场质量、进度、安全文明管理和施工单位间协调的主要责任单位，并协助工程部进行成本控制，项目部依据监理合同（包括招标文件、投标书）、经批准的监理规划、现行的法规和规范，对监理单位进行有效管理和监控是一项特别重要的工作，是保证项目管理正常进行的重要保证。

现场工程师要经常与监理人员进行有效沟通，使其了解公司的管理思路、工作方式，尽快与项目部合拍。

现场工程师要树立监理单位的威信，充分发挥监理单位的作用，为监理单位开展工作创造良好的外部环境。

（2）优选队伍，杜绝多层转包

选择承包方时，考察承包方的成本构成、管理组织架构是否适应我们的成本控制目标是有必要的。

杜绝层层转包是选择承包商的重要指标。

优先选择高效、重信誉、管理组织扁平化、管理成本低的工程公司。

提高自身管理能力。在一个项目按专业分工、适当拆分分包，增加甲供比例，广泛进行社会资源的整合。

每次投标的投标方应有足够合格的数量，保证每次投标的竞争性是很有必要的，中标率应控制在30％以内。

（3）强化过程监督

承建商的质量保证体系、管理模式、管理水平、上级公司的支持等对工程质量影响很大。

强调过程监管，加强对监理公司的管理，通过监理公司对承建商实施严格的质量控制。

重点监管工程承包商的管理体系是否足够并有效运作，协调各方的关系，关注承建商的成本控制，评价供方的表现。

（4）沟通与支持

沟通活动：与主要承建商，特别是其领导层建立正确的关系，工程应获得其公司层面的支持。

管理与技术支持，内容包括：设计交底；施工节点与细部交底；技术标准交底；施工工艺交底；施工组织与配合交底；质量控制点交底；施工样板交底。

财务支持：目前，工程承包方的注册资金都很少，通常的承包模式都是：先干工程后付款，工程承包方的资金压力是很大的，同时妨碍了工程承包方组织优秀的社会资源。我们应按合同（同时合同支付条款也不要太苛刻）及时支付。

（5）分户验收——把握竣工验收最后防线

工程完工验收、分户竣工验收是最后防线，不放行任何不合格的产品，将从政府的抽样验收提高到100％的验收。

3.工程质量管理措施

（1）图纸审查制度

施工图出图前，由设计部组织、工程部参加，对施工图纸进行详细的审查，重点检查其与设计指导书、设计任务书的符合性，施工做法的合理性，销售承诺的落实，对图纸上出现的问题，形成审查文件，转设计院修改后重新出图。

开工前，由工程部组织，总承包商、设计院、监理公司参加，进行设计交底和图纸会审，并形成图纸会审纪要。

对设计图纸中容易忽略、容易出现错误的地方进行专项审查：±0.000绝对标高与周边场地标高的协调；总图坐标封闭复核；基础梁顶标高与室内外地面标高关系，底层凸窗、空调板的标示及节点索引；结构梁的布置对住户室内和阳台上空的影响；楼面（卫生间、阳台、露台、退台）降板标高、导墙、拦板、凸窗、空调板的标示及节点索引；外圈梁底标高与外门窗顶标高的吻合性；屋面排水坡度、防水节点、导墙高度计算复核；统一技术条件：阳台反沿、厨房卫生间导墙、屋面女儿墙、降板高度、凸窗节点、老虎窗节点是否统一；栏杆、扶手详图；庭院围墙详图；铝合金门窗规格、数量、分格设计的统一；门庭、电梯厅、楼梯间地面铺贴图；雨水管、空调孔洞、厨房、卫生间预留孔、预埋件定位标注；开关、插座、灯具、配电箱、弱电箱定位；室外景观、管线综合平衡设计。

（2）施工单位质量保证体系

总承包商在开工前，根据项目工程特点和合同规定的质量目标，编制《项目质量计划》，并上报工程部和监理公司。工程部协助监理公司审查其质量保证体系、质量保证措施、主要工程施工方案选择的合理性和有效性，并将意见以书面形式反馈给总承包商进行修改。

（3）设备材料进场验收制度

对于工程中甲供材料，甲指材料，施工前，工程部必须进行实地考察，考察其规格、型号、施工工艺、节点处理、成品保护方式，并由相关部门进行封样。

不论是甲供材料设备、还是承包商供应的材料设备，进场时，都由总包按照国家规范、合同要求和样板进行检验，影响结构和使用功能的，还要按照要求进行见证取样试验。

未经检验合格，任何材料不得使用在工程上。

对检验不合格者，应将该设备材料做上标志，进行隔离，并尽快作退场处理。

（4）样板引路制度

样板引路是工程质量管理的重要手段，在本工程中，任何一分项工程，尤其是防水层、保温层、钢结构施工、转换层施工、铝合金门窗，都要由承包商先做样板（样板间、样板工艺等），然后报监理公司和工程部进行验收，验收通过后，方可进行大面积施工。

对于新材料，新设备、新工艺等，也要先做样板，报监理公司、工程部、设计部，通过试验和鉴定后，才可应用在工程中。

编号	类别	内容	组织部门	确认部门
A	交楼样板	每户型	工程部	设计部、营销部、监理、总包
B	施工工艺样板	混凝土导墙	监理公司	工程部、总包
		空调侧板	监理公司	工程部、总包
		混凝土楼（屋）面收浆	监理公司	工程部、总包
		砌体沟缝	监理公司	工程部、总包
		穿墙管预埋	监理公司	工程部、总包
		钢板（丝）网安装	监理公司	工程部、总包
		内外墙抹灰	监理公司	工程部、总包
		内外墙涂料	监理公司	工程部、总包
		顶棚	监理公司	工程部、总包
		楼地面粉刷、楼地面砖	监理公司	工程部、总包
		楼梯踏步	监理公司	工程部、总包
		铝合金塞缝、防水、打胶	监理公司	工程部、总包
		防水基层处理	监理公司	工程部、总包
		防水层	监理公司	工程部、总包
		屋面瓦铺设	监理公司	工程部、总包
C	材料样板	涂料、油漆	设计部	工程部、监理、总包
		地砖及排版	设计部	工程部、监理、总包
		铝合金门窗、配件	设计部	工程部、监理、总包
		外墙面砖	设计部	工程部、监理、总包
		开关面板	设计部	工程部、监理、总包
		灯具	设计部	工程部、监理、总包
		洁具	设计部	工程部、监理、总包

（5）项目质量管理要点

根据本工程项目的设计特点，结合工程管理要求，拟将以下工程部位作为本工程的管理要点，施工中应加强管理：

定位放线；

桩基施工；

地下室施工；

外墙外保温体系施工；

铝合金门窗安装；

单元门、入户门安装；

栏杆扶手安装；

地下室、屋面防水施工；

卫生间防水涂膜施工；

精装修；

水暖电管线预留预埋；

配电箱、配电柜安装；

（6）技术方案先行制度

总承包商和各分包商在施工前，应编制各分项工程施工技术方案，并报监理公司和工程部审批，审批通过后，才能进行施工。未报施工方案的，一律不得施工。

项目中拟审批的施工方案包括：

“施工组织设计”

“测量方案”

“雨期施工方案”

“冬期施工方案”

“桩基施工方案”

“基坑支护施工方案”

“地下防水施工方案”

“混凝土施工方案”

“钢筋施工方案”

“模板施工方案”

“砌筑施工方案”

“脚手架施工方案”

“屋面工程施工方案”

“装修施工组织设计”

“成品保护施工方案”

“外墙外保温施工方案”

“设备专业施工组织设计”

（7）质量通病处理

针对经常出现、易引起业主投诉的墙面开裂、厨厕间漏水、窗台渗漏水、出顶间外墙墙面开裂，防水设计不合理、空调洞倒水、门窗质量问题、结构施工洞和施工缝留设不合理以及在施工中暴露出的管理问题，由工程部组织、设计院、监理公司、承包商参加，召开专门的技术讨论会，制定有效的措施，有条件的可以做样板，以提高工程质量。

（8）日常质量管理

工程部协助监理公司对承包商的日常施工进行管理，严格施工工艺和工作流程，对重要的部位和工艺进行旁站。

每周监理例会，总承包商负责将上周的工程质量实施情况作总结汇报，就工程中出现的质量问题，监理公司协助总承包商分析原因，制定纠正措施和预防措施，杜绝在后续工程有类似问题重复出现。

（9）设计协调问题

对于在设计中（包括铝合金门窗二次设计、精装修、专业设计）应注意的问题，工程部配合设计部，以设计指导书的形式向有关设计单位提出要求，明确设计要求和节点做法，确保设计图纸的深度和质量。

（10）质量事故处理

对严重的质量事故，由总承包商提出技术处理方案，并经监理公司和工程部认可后，进行处理。对经处理的部位，应重新检查验收。

对于一般的质量事故，由总承包商按技术处理方案处理后，重新检查验收。

（11）入住前质量检查和维修

根据完工后内部检查的流程和方法，工程部与物业公司一起，对主体空间尺寸、观感质量、门窗质量等进行详尽的检查，并对厨房和卫生间做渗水试验，对发现的问题及时要求总承包商进行维修，确保业主入住交接的顺利进行。

（12）成品保护措施

①铝合金门窗：

运输时应妥善捆扎，幢与幢之间用非金属软质材料隔垫开，吊装时选择牢靠固定的着力点，防止窗体互相磨损、挤压、扭曲变形、损坏附件；

进入施工现场后应在室内竖直排放，产品不能接触地面，底部用枕木垫高10厘米，室内保持清洁、干燥、通风。

禁止人员踩踏，不得在其上面安放脚手架，悬挂重物。

在清洁时，保护胶纸要妥善剥离，注意不得划伤、刮花表面。

门窗在安装过程中及验收前，采取可靠的保护措施，不得污损。

已安装的门窗框洞口不得作为运料通道。

严禁在门窗框上、扇上安装脚手架、悬挂重物。外脚手架不得压在门窗框上，并严禁登踩窗框、窗扇或窗樘。

应防止利器划伤门窗表面；防止电、热和焊花烧伤或烫伤面层。

门窗框的上槛及两侧用胶带纸、薄膜保护好，下槛用九夹板制成马蹄形盖板保护。

在玻璃安装后，应在玻璃上贴上保护膜，并贴上明显提醒标志。

②入户门：

运输时应放在托架上，并妥善捆扎，起吊时不得将抬杠插入框内抬运。

进入施工现场后应进专门仓库保存，竖直排放，产品不能接触地面，底部用枕木垫高10厘米，室内保持清洁、干燥、通风。

进入现场后安装前应测量其对角线的长度和平整度，并采用可靠的保护措施。

对选用门洞口作运输材料的出入口或进出频繁的门洞口，应在门框边加设防护板，以防碰伤撞坏框体；如果长期作上料口时应采取预留门洞的方法，作后塞口。

施工中严禁在门框上搭设脚手板和悬挂重物。

应防止利器划伤门窗表面；防止电、热和焊花烧伤或烫伤面层。

③防水层：

基层砂浆必须进行养护，可用蓄水养护或用草包、纸袋覆盖后浇水养护。养护期间必须保持覆盖层材料湿润并禁止闲人上层面踏踩。合理安排施工顺序，避免过早上人走动。

已铺贴的防水层，应及时采取措施保护，操作人员不得穿钉鞋作业。

穿过地面、墙面等处的管道根部、地漏等不得碰损、变形，以免铺好后更换。

地漏、排水、变形缝等处应保持畅通，施工中应采取保护措施，防止基层积水或污染而影响防水层的施工质量。

④涂料与油漆：

在涂刷涂料前，预先清理基层表面；涂料干燥前，应防止尘土污染和热空气的侵蚀。

将门窗用风钩或用木锲固定，防止扇框粘结涂层，影响质量和美观，同时防止门窗玻璃损坏。

涂料施工完毕，尚未干燥前，应设置标志牌，防止触摸。

⑤地坪：

安装施工有铁爬梯或有钢管等铁制品接触地坪时，必须事先垫好麻袋或夹板，以防划伤地面。

粉刷施工手推车运输材料时，不得随意碰磕地坪，同时粉刷时应在墙面附近的地坪上垫好夹板或麻袋，防止砂浆污染地坪。

⑥地砖：

结合层砂浆尚未达到强度前，其他各工种不得进入同一施工区操作。

不得使用铁制爬梯，以防破坏地砖。

其他各种施工时，应尽量避免尖利物品直接作用于瓷砖表面。

施工时，人员应穿软包底鞋，并不准其他人员走入；铺设完毕以后，要做好围挡，禁止人行；待砂浆达到设计强度后，上面覆盖纸板后，方可允许人员行走，但仍需防止后道工序施工时有重物压砸、拖拉。

⑦电梯：

电梯安装完毕后内部及门框用夹板包裹，防止污染及损坏。

调试运行后一般不作施工运输用，除特别需要征得同意后方可使用。

电梯在使用过程中派有证书的专人开启，并定期进行保养。

4.安全文明施工管理

（1）施工现场CI标识系统

施工现场按公司CI形象设计要求做好标识，当公司无规定时，按天津市有关安全文明要求执行。施工现场CI标识系统要求在总包合同中注明，并由工程部在总承包现场临建施工前进行交底。

①施工主入口大门

施工主入口临时大门按总包单位或天津市文明施工规定设计。

②施工主入口形象要求

入口处设置工程概况牌、工程目标牌、项目组织架构牌、文明施工管理牌、安全及防火牌，工程现场平面布置图，如下图。

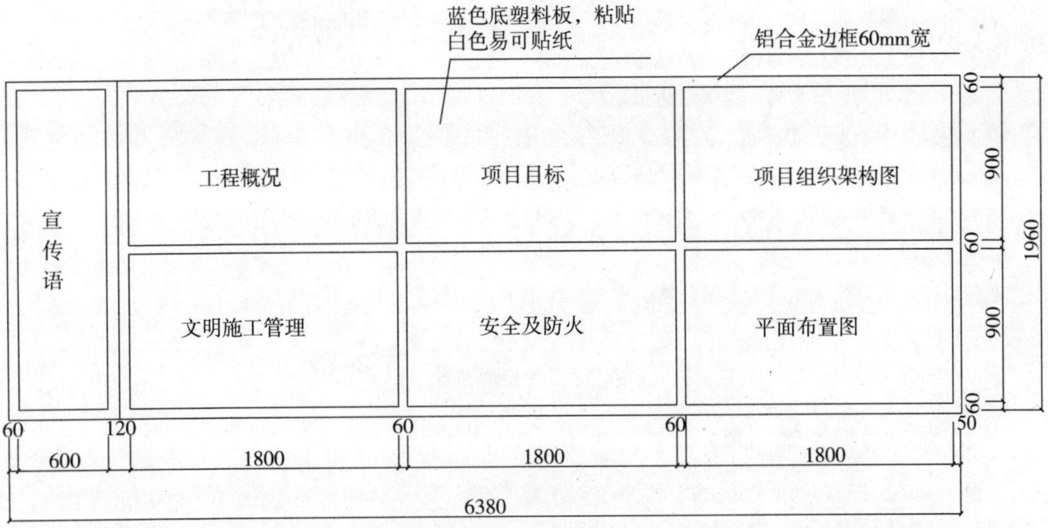

大门口作硬地处理，车辆出入口位置设车辆冲洗装置和排水沟，保证带有泥土的车辆经冲洗后才能驶入城市街道。

③临时围墙设计

围墙高度不小于2米（主干道侧不低于2.5米）。

在总包合同说明，现场临时围墙的包装宣传权归公司所有，宣传策划由营销部统一制定要求或设计。

④项目部铭牌设计

项目部铭牌上写公司LOGO和项目名称，悬挂于项目部入口的显眼处。

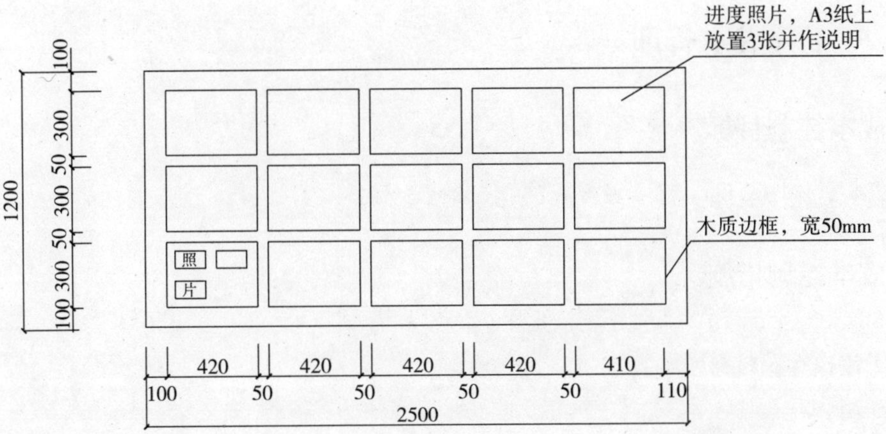

形象进度照片框的尺寸

⑤工程部上墙资料要求

上墙的主要资料包括：项目概况、项目组织架构图、岗位职责、施工进度控制计划、形象进度示意图、形象进度、晴雨表、项目总平面图等。如上图所示。

⑥工程部工作人员配备要求

安全帽：在安全帽的前方正中粘贴或喷绘公司标志，安全帽后侧正中粘贴或喷绘“金地”。

安全鞋：配备防水、防钉高帮安全鞋。

对讲机：管理人员在现场均携带对讲机。

胸卡：按公司要求制作，进入现场必须佩带。

⑦公司CI标志

塔吊的配重臂上悬挂公司标志和“××地产”字样的组合标志，建筑物悬挂公司统一宣传标语。

⑧现场道路

现场临时施工道路采用硬地路基，路旁有良好的排水设施，交通畅通，路面平整、清洁。

⑨卫生间

项目现场卫生间由总承包商安排专人及时清理以保持清洁干净。

（2）施工过程管理

工程开工前，工程部协助监理公司对总承包商《施工组织设计》中的安全文明要求进行审核，检查其与公司CI形象标识系统的符合性以及其是否满足天津市安全文明要求。

监理公司负责施工现场的日常巡视工作，检查承包商现场各种材料是否按规定分类堆放整齐、临时道路是否畅通清洁、各种设备标识是否完整准备、现场垃圾是否分类存于固定的垃圾站、基坑边是否按规定作了安全防护、脚手架安全防护措施是否得力、现场夜间照明是否足够、易燃易爆品是否存放于专门的库房内等。对于发现的问题，要求承包商在规定期限内整改，整改后报监理公司进行复查。

监理公司对场地安全文明施工的检查，以周报形式报送工程部；每月底组织一次对进场施工单位的检查、评比工作。

第六章　工程成本管理

1.项目成本控制目标

项目成本控制目标：设计变更与现场签证控制在合同总价的5%内。

2.项目成本控制措施

（1）招投标及材料采购方式

①总包工程

采用工程量清单招标。根据集团规定，总包招投标采用工程量清单招标方式。相对于以前采用的费率招标方式而言，采用工程量清单方式对成本人员的个人水平的依赖性降低，能及时发现设计不合理之处，减少变更发生，从而降低工程总成本。

总包招标的工作安排。“一个计划，两个文件，三次交底”。

一个计划：总包工程的招标计划，由成本部牵头制定，设计部和工程部配合。

两个文件：招标文件和合同文件。根据集团要求，本工程将采用集团的标准文本。

文件编制的流程:编写初稿→交律师修改→发放各部门及领导征询、集中意见→举行评审会→整理修改意见及待落实责任书→修改落实→完稿→传签。文件可提前发放入围单位，并跟踪收集其反馈意见（注意电子版不能外泄）。

三次交底：对招标小组、造价咨询单位、入围单位分别进行交底。

②分包工程及甲购材料招标

对于甲方分包工程、甲供设备材料，均要求采用招标方式，实行“货比三家、择优选用”，采用合理低价中标的原则，降低工程成本。

具体招标原则如下：

第一，合同金额在20万元以上的施工项目及10万元以上的材料/设备采购项目必须进行招标，如实在不具备招标条件（入围单位少于3家）在经过招标小组讨论同意后可进行议标。

第二，合同金额在5万～20万元的施工项目及2万～10万元的材料/设备采购项目在经过招标小组讨论同意后可进行议标。

第三，零星工程。合同金额在5万元以下的施工项目和2万元以下的设备/材料采购项目可直接委托。

第四，特殊工程。不属于零星工程范畴，由政府部门指定，或是市场上只有独家经营的工程，在经过招标小组讨论同意后可由各负责部门直接进行委托。

第五，中标原则。原则上采用“合理最低价中标”，如遇到个别工程不适合采用此项原则，在经过招标小组讨论同意后可采取适合的其他原则代替。

③甲方指定品牌的设备材料

工程部、成本部和设计部要广泛考察设备材料厂家，尽量选取性价比较高的设备材料。

（2）图纸审查

第一，招标前的施工图审查。施工图纸是总包招标最容易出问题的地方，其进度质量对招标管理甚至项目的成本管理都将起到决定性的作用。所以招标图纸必须是经过审查的图纸。施工图出来后，成本部将图纸发给造价咨询单位和入围单位编制工程量清单。在编制过程中，及时组织设计部进行答疑。

第二，开工前，工程部组织公司内部相关部门，总承包商、监理公司、设计院进行图纸会审，将图纸上出现的问题消化在图纸阶段，减少工程返工，降低成本浪费。

（3）变更签证管理

①所有的变更签证都统一以业主指令的方式下发，相关表格：

天津××·××世界工程业主指令

天津××·××世界工程补充及修改图纸目录

天津××·××世界工程设计修改通知单

天津××·××世界工程量确认单

天津××·××世界工程变更申请

②对于业主指令的相关要求：

第一，每一份业主指令内容施工完毕后，甲方工程师在5天内核实变更的工程量及说明相关施工事实。

第二，业主指令结算费用编制应按“一单一价”的原则，即每一份业主指令附一份结算书。

第三，每月二十五日总承包方汇总上报当月已实施完成的业主指令原件和结算书，过期上报不予以审核，作为对发包方的让利。上报的结算金额不得高出或低于发包方最终审定结算额的20%，否则，发包方在该份变更签证结算价款上再下浮5%。

第四，业主指令必须编号，编号格式由甲方现场工程师统一。

第五，一份业主指令上只能申报一项事由。

第六，业主指令原件一式四份，总承包方保留一份，监理一份，甲方两份（工程部一份，成本部一份）。

（4）进度款支付

招标结束后重新核定合同价款，从中标金额内扣除甲方分包工程和甲购材料的金额。

合同价款＝中标金额-甲方分包工程-甲购材料

第一，本工程预付款：支付合同价款的10%。在乙方办理符合甲方要求的履约保证金且付款手续齐全后支付。

第二，本工程包干部分进度款按以下方法支付（各节点的准确付款比例待合同包干价确定后根据进度工程造价适当调整）：

结构完成至±0.000，支付至合同价款的15%；

三层楼面结构完成，支付至合同价款的30%；

结构封顶，支付至合同价款的50%；

砌体完成，支付至合同价款的55%；

脚手架拆除，支付至合同价款的65%；

内装饰全部完成，支付至合同价款的75%；

竣工验收，支付至合同价款的80%；

具备竣工备案证，支付至合同价款的85%；

结算完成，支付至结算价款的95%；

第三，各楼栋施工进度达到以上付款节点时，支付此栋相应进度款。乙方在进度完成后申报付款，原则上每月仅支付一次款项，即当月的多笔付款合并支付。

第四，进度款与质量挂钩，若所报工程的质量达不到验收规范要求，甲方有权暂缓支付该部分工程款。

第五，每期工程进度款=当期合同进度付款额+本期已审核补充预算书×85%+奖金－违约金或罚款－代付款－应扣款。

第六，在工程已按期移交且全部竣工资料经档案馆验收合格完成备案，甲方向乙方支付至合同价款的85%。

第七，在工程结算办理完毕后，甲方向乙方支付工程款至结算价的95%。

第七章　采购与招标管理

1.监理招标

（1）入围资格

第一，工业与民用建筑甲级监理资质；

第二，无通报批评或重大投诉记录；

第三，近三年来同类工程监理服务总建筑面积不小于30万平方米；

第四，拟定的总监理工程师同类工程监理服务经验不少于2项，总建筑面积不小于10万平方米；

第五，拟定的项目主要监理人员在本公司的工作时间不少于2年。

（2）监理人员的资质审查

第一，招标前应详细列出对监理公司派驻现场的人员数量及资质要求，要求土建工程师不少于2名，水暖、强电、弱电工程师各不少于1名，专职资料员1名。

第二，评标时应对拟派的项目总监理工程师和主要监理公司人员进行面试。

第三，核对进场监理人员名单是否与监理合同相符，检查和了解监理人员的学历证书、职称证书、资格证书、工作简历是否真实可靠；并对进场的监理人员进行面试，符合要求才能进场开展监理工作。

第四，及时将长驻现场的监理人员姓名、性别、专业、技术职称、资格证书名称、进出时间等情况登记在《监理人员登记表》上。

第五，定期（每月）对现场开展工作的监理人员进行考核，填写《监理工作考核表》，及时调整不合格的监理人员。

2.总包招标

入围资格

第一，公司近三年入选当地优秀施工企业；

第二，项目经理近三年内累计同类工程建筑面积5万平方米以上；

第三，项目经理近两年来在各地施工企业质量与安全业绩考核中无重大不良记录；

第四，具备建筑企业一级及以上资质。

3.分包管理与甲供材料协调

（1）总包管理工作包括

第一，报建与验收：分包单位对所承包工程范围的施工质量、进度和竣工资料的完整性负责；总包负责监督、检查和有关报建、验收、竣工资料备案手续的办理。

第二，进度协调：总包单位应在开工后30日内提交分包工程的进出场时间，经甲方监理确认后执行；协调日常工作，按月提供对各分包工程的进度要求。

第三，合同付款：分包工程在支付进度款时，分包单位向总包提交形象进度及付款申请，经总包确认后，提交监理公司、甲方才能向分包单位支付工程款。

第四，安全文明施工：分包单位进场后，总包负责对其现场安全和文明施工进行管理；分包工程施工过程中及竣工后，总包方负责督促分包单位将易破坏部分进行包装保护。

（2）总包配合工作包括

第一，在分包工程施工前，按甲方及分包单位的要求完成有关的土建项目施工，提供各分包工程施工的条件；

第二，提供必要的测量定位线；与分包单位核对各分包工程图纸与总包图纸间相关联的尺寸、标高等数据是否统一，并对所提交资料的准确性负责；

第三，提供工地现有的垂直运输、脚手架供分包工程使用，如需拆除应报甲方批准；

第四，施工、生活用水用电接口，水电费由总包单位负责；

第五，提供办公和生活便利、加工场地等；

第六，提供分包人员、材料、设备进场、吊装、堆放、保管条件；

第七，负责在交叉施工过程中，采取措施保护分包工程成品，分包工程的成品遭到破坏，（除当场抓住破坏者外）全部责任由分包单位承担80%，总包单位承担20%；

第八，分包工程竣工后，由分包单位和总包办理移交手续，总包负责该分包工程的成品保护工作，移交后保护不周造成的损失概由总包负责；

第九，按图纸、规范要求等完成分包工程预留预埋（线管须穿通钢丝），修补分包工程施工损坏，完成分包工程安装后的修补及塞缝；

第十，其他方便分包工程施工的工作；

第十一，分包工程的余土由各分包单位自行负责清理，工完场清；总包单位对此进行监督。

（3）甲供材料管理

第一，除甲供材料、设备外,其他材料、设备均由总包单位采购。

第二，总包单位应于合同签订后30天内编制甲供/限价材料、设备计划报甲方采购，总包不及时上报或上报数量有误，责任由总包负责。由于工程变更引起甲供材料、设备数量的变化，总包应在收到变更通知5日内书面通知甲方。

第三，甲供材料、设备送到现场，由供应商负责卸货；甲方、总包和供应商三方共同验收后即交总包保管。总包应为甲供材料、设备的进场、卸货和仓储提供必要的条件。

第四，总包提交的甲供材料、设备数量应准确，超出工程用量及其合理损耗量部分由总包向甲方购买。

第五，因总包对材料、设备供应商的付款拖延导致供货不足影响工程进度，由此带来的损失由总包承担。甲方有权利从总包的付款申请中扣除该款项直接支付给指定供应商。

第六，总包供应的装饰材料，水电管线、设备均需向甲方报送三家以上供应商资料，经甲方和监理公司确定、封样后方可采购。

第七，所有材料、设备均由总包按规定进行检查、送检。

第八，材料、设备的见证取样应符合国家和当地有关规定要求，并保证每一种需检测的材料、设备均有见证取样。

第九，所有材料、设备均必须符合图纸、规范和有关规定的要求，总包有责任拒绝不合格的甲供材料、设备，并书面通知甲方，说明理由。因甲供材料、设备不合格带来的退货及损失由甲方全部承担。

4.配套专业分包工程招标

对于小区内市政配套工程：供水、供电、供热、燃气、电信、有线电视工程，应尽可能采取“货比三家”招标、比价方式确定承建商、供应商；部分配套工程由于受到社会资源的限制，可以直接委托，但费用审核和管理仍服从统一协调；工程部应尽可能直接与市政配套主管部门沟通，充分了解、理解各配套主管部门的业务操作流程和规定，做到“有章可循”，避免信息不对称带来的被动局面，防止人为操作。

第八章　项目的沟通管理

1.进场知会

对于每一家进场作业的承建商、供应商，各主管工程师应在相关工作全面开始前，以书面形式签发《进场知会》，明确：工程部的联系人、联系电话，与公司的对口工作部门，文件收发制度，会议制度，工作流程与表格格式等。

2.周例会

项目监理周例会定于每周2下午，由工程部副经理主持；工程部周例会定于每周5上午，由工程部副经理主持。

3.工程月报

工程部每月末编制工程月报，对本月工程进度、质量、存在问题、合作单位评价、工程款支付情况进行全面整理，并报送公司管理层。

4.里程碑形象进度

工程基础（打桩）开工、主体封顶、外架拆除、单体验收、样板楼展示、销售开盘为项目工程里程碑，各标段工程里程碑形象进度完成后2天内应编制《里程碑形象进度》，通报天津公司。

5.文件的收发、传阅

文件的收发由专职资料员统一管理，并在工程部内形成传阅制度。

6.文件的归档

A册：公司管理规范：××集团天津公司管理控制文件（A1）

B册：合同文件：　“施工合同文件（B1）”
　　　　　　　　“监理合同文件（B2）”
　　　　　　　　“材料采购合同文件（B3）”
　　　　　　　　“合同登记汇总表（B4）”
　　　　　　　　“施工合同台账（B5）”

C册：公司内部来往文件：发文：（C1）
　　　　　　　　　　　收文：（C2）

D册：监理公司往来文件

“监理人员登记表”及证明资料（D1）

“监理规划（D2）”

“监理细则（D3）”

“监理例会纪要（D4）”

“监理备忘录及专题报告（D5）”

“监理月报及审核意见（D6）”

“发监理单位文件（D7）”

“监理考核表（D8）”

E册：与施工单位来往文件

“施工组织设计（E1）”

“施工方案（E2）”

“工程联系单（E3）”

“工程整改单（E4）”

“工程验收单（E5）”

“分户验收档案（E6）”

F册：设计变更和工程签证

“设计变更（F1）”

“技术核定单（F2）”

“工程签证（F3）”

“工程指令单（F4）”

G册：计划管理

“总进度控制计划（G1）”

“施工图纸交付计划（G2）”

“甲供材料进场计划（G3）”

“总进度计划（施工单位）（G4）”

“月计划（施工单位）（G5）”

“周计划（施工单位）（G6）”

H册：作业指导书

“工程管理策划书（H1）”

“成本管理指导书（H2）”

I 册：材料设备管理

“封样登记一览表（I1）”

“收（调）料单（I2）”

“设备调试验收记录（I3）”

J册：进度款支付

“工程付款台账（J1）”

“扣款通知单（J2）”

"奖/罚款通知单（J3）"

K册：会议纪要

"公司每月例会纪要（K1）"

"甲方召集专题会议纪要（K2）"

"工程月报（K3）"

L册：后勤管理

"考勤表（L1）"

"项目经理部固定资产登记表（L2）"

"其他文件（L3）"

第九章 项目的风险与对策

1.进度控制风险与对策

本工程具有占地面积大，多层、小高层交织在一起，同期施工栋数多，分包项目多，总工期及各阶段工期要求紧的特点。针对此特点，工程部应做好以下工作：

第一，通过招标考察等方式，优选总包施工队伍，要求总包单位技术实力较强、配合意识较好、有足够的机械设备能力和劳动力配置。

第二，合理调整各单体工程的开挖计划，先小高层后多层。

第三，结合销售和对外开放、展示要求，部分小高层建筑采用悬挑外架施工方法。

第四，雨、污水管施工先行施工。

第五，协调公司各职能部门工作，按时落实招标采购计划、出图计划、样板确定计划。

2.质量控制风险与对策

定位放线困难，地下室抗裂、防渗，屋面、墙面、卫生间抗渗漏，粉刷开裂、空鼓是本工程质量控制的重点。工程部应充分发挥监理公司、总包单位及各分包单位的主动性，完善质量保证体系，强化过程监督、检查和工序验收，把好竣工验收最后一关。

3.成本控制风险与对策

工程部积极配合设计部、成本部，推行限额设计、优化设计，加强进度付款审核、现场变更和签证管理。

4.其他

根据总体工程进度要求，在扩初设计文件尚未正式批复、施工图设计正在进行中，工程桩基提前施工，可能产生由于设计不完善、设计变更而带来的返工和浪费，工程部协助设计部积极跟踪施工图设计进程，合理调整打桩进程，力求把可能的损失降低；另一方面，积极与当地城管主管部门沟通，取得支持。

第十章　项目的总体协调

1.场地条件

（1）给水

示范区施工临时用水可暂由津沽路*DN*150管接入红线内。一期施工用水正同津南水务及大配套协调；

（2）排水

津沽路有*DN*100雨水管线，其他道路无市政雨水、污水管网，施工场地排水示范区可接入津沽路雨水管线。一期排水需协调配套部门确定接入方案。

（3）供电

场地周边暂无市政供电网，临电方案待定。

（4）热气

场地周边暂无市政热力网。

（5）电信、网络

场地周边暂无市政电信、网络网。

（6）有线电视

场地周边暂无市政有线电视网。

（7）施工道路开口

项目周边津沽路已经开通，双港中学旁有一临时道路。其余市政规划道路均未开通。

2.施工场地规划（略）

3.民扰情况

总包作业时间和施工噪声按照天津安全文明有关规定执行，减少扰民现象。工程部负责与周边政府和派出所的联系和沟通，借助社会力量解决民扰现象，减少影响。

4.对外协调工作

工程部积极与质量监督安全监督站、燃气公司、电力局、自来水公司、通信、有线电视等政府、行业部门的沟通，提前联络，各项配合工作按时完成，从而保证《项目总控制计划》的顺利实现。

二、实施工程招投标

1.编制招标书

编制要点

施工招标是在初步设计及概算已经审批通过，项目已正式列入年度建设投资计划建设用地的征购及拆迁已基本完成，并取得所在地规划部门批准的建设许可证，有施工图或有能满足标价计算要求的设计文件或工程量清单；主要建筑材料、设备资金来源已基本落实；招标申请报告已经上级或招标管理部门审批同意的基础上进行的。

注意事项

招标文件的主要内容应包括投标者编制投标书时所需的全部资料和要求。对该文件中提出的各项要求，各投标单位及选中的中标单位必须遵守。招标文件是业主与投标者商签合同的基础，商签后即成为合同文件的主要组成部分，因而也是合同执行过程中双方均应遵守的文件，它对招标单位或委托招标单位自身，同样具有法律约束力。

链　接

招标投标是一种工程交易形式，工程招投标的过程就是确定中标人和工程价格的过程，而工程价格的确定，是工程招投标工作中非常重要的一个环节。工程价格管理工作由于一直采取静态管理模式，习惯于定额价格多年不变的状态，其结果严重制约着建筑业的发展，形成“活市场，死价格”的格局；预算费率按企业资质等级划分，造成同一工程不同企业施工，工程造价就不同，这严重违背了市场经济的运行规律，造成企业间不公平竞争，出现层层转包、倒包现象；当前的定额价格水平普遍过低，不能准确反映本地区一定时期工程合理价格水平，定额内容严重滞后，与实际施工工艺不相符，新材料、新做法不能及时补充到定额中去，很不适应市场价格的变化，致使工程预算严重脱离实际。加强工程价格管理是确立建设工程招标投标的地位，培育合格的建筑市场主体，增强企业改革活力的有效措施。

实用范本

杭州××房地产开发有限公司××××工程施工招标书

第一部分　工程综合说明

1.工程概况

工程名称：××·××·××工程；

工程地点及周围环境：××市区××旁；

工程总建筑面积：约8万平方米。

2.建设依据

政府计划委员会设计文批复

3.有关单位和机构

建设（招标）单位：杭州××房地产开发有限公司××分公司

设计单位：中国联合工程公司第一建筑设计院

地质勘察单位：××市城建勘察测绘大队

监理单位：____________________

质量监督机构：××市质检站

4.现场条件

三通一平工作已完成。

5.工程地质状况：

____

6.工程范围、内容和要求

全套施工图纸所示内容包括：桩基工程（甲方计划另行分包）；上部建筑工程、安装工程（含水、电等管线及相关的设备安装工程、消防系统、网络系统和其他的若干独立系统）；室外给水排水及道路等工程。

7.施工质量

本次工程（指本次招标范围，下同）中标单位必须严格按合同条款施工图纸及说明文件，审定的施工组织设计方案及有关的施工验收规范，国家和省市的有关质量评定验收标准精心组织施工，严格把好各道工序的质量关，杜绝工程质量事故，确保工程质量达到合格等级标准。

8.施工进度要求

中标单位应在签约后 2 天内进场，作施工准备。正式开工日期以监理发出开工令为准，竣工日期以监理、甲方认可的日期为准。本工程要求确保在2005年××月××日前施工至±0.000以上一层，2005年××月底以前结顶，2006年××月底前竣工。投标单位根据自身实力确定具有竞争力的施工总工期及合理的进度计划。投标单位的总工期应充分考虑安装工程、室内装修工程及室外工程的施工工期在内。

9.搞好文明施工

由于工地范围较大，市政府对环境卫生方面的要求较高，要求承包方在开工之前和施工期间做好四周施工道路的卫生保护工作，并作好工地的安全文明标化管理工作。确保场外道路清洁畅通，确保来往车辆、人员和施工安全，同时要处理好相邻施工单位的关系。

10.设备、材料供应

本工程中的电梯、部分消防设备及铝合金窗、外墙花岗石，外墙面砖的材料由发包方提供实物，乙方负责保管计量。

由承包方负责采购的设备及主要材料须按有关要求采购，且采购的材料质量必须符合规定要求，并须厂方或材料供应商出具材料出货单及质量证明书。（注明购货单位及 工地）。

第二部分　投标须知

1.招标方式

为了保证工程质量，有效控制投资和建设工期，充分发挥投资效益，采取邀请招标方式按照“公开、公平、公正”和诚实信用的原则，以费率招标的方式择优选择施工承包单位。

2.标段划分

本次招标分为2个标段

即：①1标段__________________号楼

②2标段__________________号楼

3.本次招标范围和内容

全套施工图纸所示内容包括：桩基工程（甲方计划另行分包）；上部建筑工程、安装工程（含水、电等管线及相关的设备安装工程、消防系统、网络系统和其他的若干独立系统）；室外给水排水及道路等工程。

4.合格的投标人

具有房屋建筑工程施工总承包一级及以上资质等级和独立法人资格，承担过类似工程施工业务，信誉良好的施工承包单位；

通过资格预审收到投标邀请书的报名单位。

5.招标文件

（1）招标文件内容：

投标邀请书

投标须知附表

本文件第一至第四部分内容或招标补充文件

除上述所列内容外，业主单位的任何工作人员对投标人所作的任何口头解释、介绍、答复、只能供投标人参考，对业主和投标人无任何约束力。

（2）招标文件的修改

第一，投标人应认真阅读和正确理解招标文件包括投标须知中各项条款的规定和要求。如发现错误、遗漏或词意含糊等情况，请于2005 年××月××日××时以前以书面形式向业主提出澄清要求；

第二，业主将按投标须知附表中规定的时间组织投标人和有关单位踏勘施工现场，介绍现场及周围的有关情况，供投标人参考；并召开招标答疑会统一解答投标单位在理解招标文件、图纸资料和在现场踏勘中产生的疑问。

第三，业主对所有疑问的正式答复将以招标补充文件的形式发给所有获得招标文件的投标人，但不说明询问的来源。

第四，在投标截止前二天，由于各种原因，不管是自己主动提出还是答复投标人的澄清要求，业主可能会以招标补充文件的形式修改或完善招标文件。

6.招标文件的效力

招标文件是工程招标和投标的有效依据，也是中标后签订工程承包合同的依据，对招投标双方均具有约束力。凡不遵守招标文件规定的投标或对招标文件的实质性文件不响应，将可能被拒绝或以无效标处理。

7.投标书内容

投标书（附件一，略）和投标书编制说明及对招标文件的确认意见和相关的承诺。

法定代表人签署的授权处理工程投标事项和全权代表委托书。

采用转账支票或银行汇票。

企业资质证书、营业执照（复印件）、其他资信等证明材料。

项目经理简历表、项目班子主要成员、进场主要施工机械表、拟分包项目情况表。

施工组织设计、项目经理和工程技术管理人员的配置及资格业绩证明材料，劳动力的投入计划，施工机械的配备计划、施工质量目标和进度计划（网络图）及相应的保证措施和手段，安全、文明施工的承诺、主体工程的关键部位和施工技术方案等。

“总分包意向书”和对分包单位管理和承诺及分包单位的资信业绩证明材料。

投标人，项目经理及技术负责人近年来类似工程施工业绩的情况介绍，证明材料或获奖证明。

投标报告书及其他资料。

8.投标报价与工程结算

投标人应按照招标文件的要求和业主所提供的资料，编制费率投标文件。

工程结算采用《浙江省建筑工程预算定额》（1994）、《全国统一安装工程预算定额浙江省单位估价表》（1994）、《浙江省建筑安装工程费用定额》（1994）。如遇无法套用以上定额项目，可套用其他类似定额为依据，经甲方认可并经专业审计后作为结算依据。

工程类别由投标人根据省定额有关规定自行制定。

工程按标化工地要求组织施工。

材料预算价格按《浙江省建筑安装工程材料预算价格》（1994）取定。

由承包方供应的材料按承包方提供的材料采购价格进入直接费，不计补价差，只计税金，不计管理费。

其余无价的材料经甲方协商后确定价格（含采购、运输、保管费），由乙方采购，按规定测算成预算价，价差单列只计税金，不计其他费用。

施工用水、用电按工程所在地电力局、自来水公司收费标准和实际的用量由承包方支付，在当月工程款中扣除。若由于停电使用自发电的，则自发电的费用也由乙方承包自己负责。

投标人认为必须发生的技术措施（包括施工道路、现场围墙、临时用发电机等），应根据以往类似工程施工经验提出技术措施方案，并包含在综合费率中。

施工围护方法与费用根据设计要求甲乙双方另行协商解决。

投标人应按照上述要求编制投标文件，并根据本工程的特点结合自身的技术能力、管理水平和市场行情确定投标最终费率。对没有填报的内容和需要的技术措施内容，业主将不予支付，并记为此项费用已作为优惠条件。投标人的投标如被接受，最终费率（合同费率）除合同条款另有规定外，其投标费率均不许调整或追加，即使是投标人的差错、遗漏或定额的修改、调整等原因。

投标书的单价和总价均用人民币表示。

9.投标保证金

投标人应提供一份不少于投标须知附表中所述金额的投标保证金，此保证金是投标书的一个组成部分。

投标保证金可采用转账支票、银行汇票的方式，在投标截止时间前递交给业主。

投标保证金交至：

收款人（全称）：杭州××房地产开发有限公司××分公司

开户银行：____________________；

账号：________________________。

对于未能按要求递交投标保证金的投标人，业主可以视为不响应投标而予以拒绝。

未中标投标人的投标保证金、最迟不超过投标有效期满后的15天无息退还。

中标人的投标保证金在合同签署后，并按要求递交了履约保证金后无息退还。

投标人如有下列情况之一者，将罚没投标保证金：

在投标有效期内撤回投标书；

拒绝接受投标书中已确认的承诺或条款，在规定期限内拒签合同的；

未能按要求提交履约保证金的。

10.投标书的编制与递交

投标书应按招标文件的规定和要求进行编制，使用招标文件规定的投标书格式，并采用打印、复印或钢笔书写，整理装订成册，一式四份，其中正本一份，副本三份，并注明“正本”“副本”字样，（正副本如有差异、以正本为准），格式不正确的标书将被作为废标处理。

投标书及其中的关键内容经法定代表人或授权代表人签字（盖章）确认并加盖公章后装袋密封，在封皮表面写明“××·××××工程投标书”和“在开标前不得启封”字样，并在封口封条处由法定代表人或其授权代表签字（盖章）和加盖公章。

11.投标书的效力

投标书自递交之日起 28 天内有效，（中标签约者有效期随合同，失标者自动失效）在此有效期内，投标书中的全部条款对投标人具有约束力。除招标文件规定或询标，签约时招标双方认可，投标人不得自行修改或拒绝接受已经确认的条款（即使是不该发生的差错），更不得撤回投标书。否则按违约处理，业主可立即扣罚其投标保证金、并取消其投标或中标资格。

在投标截止时间前投标人可对已递交的投标书进行适当修改和补充，投标书的修改补充函应按规定进行密封并加盖单位印章和法定代表人或其授权代表签字（盖章），递交至投标须知前附表所指定的地点，投标截止后递交的补充修改或声明一概不予受理。

有下列情况之一者，投标书无效：

第一，投标书逾期送达的；

第二，投标书未密封的；

第三，投标书未加盖单位印章和法定代表人或授权代表签字（盖章）；

第四，未按招标文件规定编写、字迹模糊不清的；

第五，投标书中的实质性内容不响应招标文件要求的；

第六，未按规定递交投标保证金；

第七，投标人未参加开标会的。

12.开标、审标

业主将按投标须知附表中规定的时间和地点进行公开开标。开标会由业主主持，当众拆封投标书宣读投标书的主要内容。投标人的法定代表人或其授权代表必须随带身份证和授权委托书（复印件无效）参加开标会，并对投标书的密封情况和开标结果进行确认。

开标后由业主组成的招标小组，对所有投标书的内容进行符合性审核，凡不符合招标文件的有关规定或商务、技术部分不响应招标文件实质性内容的投标书，将予以拒绝，不进入评标范围；并且不允许投标人通过修改或撤销投标书中不符合要求的内容，使之成为具有响应性或符合要求的投标。

13.询标、评标

评标小组在审阅投标书的过程中，对需进一步澄清、明确的技术、资信、管理和报价等问题，将向投标单位进行询标。

投标人的法定代表人或其授权代表和项目经理及派往施工现场的主要工程技术管理人员应按规定的时间到指定的地点，接受评标专家组的询标并对评标小组提出的问题作出澄清和答复，但不得借此修改投标书中的实质性内容。其询标记录经双方签字、作为投标书的补充，对投标单位具有约束力。

评标小组评标后，向业主上级领导推荐最佳的施工单位名单作为中标备选单位。

14.决标

招标领导小组应根据评标小组提交的评标报告和推荐意见，经充分研究讨论后，在中标备选单位中择优选择中标单位。

招标领导小组决标后决标报告经业主上级主管部门核准后向中标单位发出中标通知书，并同时将此结果通知未中标的投标人。

业主对决标结果不负责解释，也不保证最低报价者中标。

在招投标过程中，投标人对业主施加影响的任何行为，都将导致取消投标或中标资格。

15.授予合同（签约）

投标人自接到中标通知书7天内必须依照《中华人民共和国合同法》、招标文件、投标书各项条款的要求与业主签订工程施工承包合同。

本工程实行履约保证金，每标段履约保证金均为100万元，其中分项比例为：质量40%，工期30%，项目班子履约率15%，文明标化15%。

履约保证金返还：质量履约保证金分：±0.000以下验收合格，返还10万元，主体验收合格10万元，装饰装修验收合格返还10万元，竣工验收合格返还10万元，若在某一阶段发生质量事故，则罚没该阶段质量保证金。

工期履约保证金返还：工程验收合格（并在合同工期内履约）返还，否则该违约金罚没。

项目双方履约率项目经理及技术负责人到位率应在90%以上，若到位率在50%~80%之间罚违约金5万～8万元，到位率在50%及其以下，罚违约金8万～15万元。

现场文明施工标准化以当地建设部门的文件为准，全部返还；未达标或出现重大伤亡事故的，罚金8万～15万元。

16.招标结束

中标人与业主签订工程承包合同并按规定交纳履约保证金后招标结束。

业主退还中标人的投标保证金。投标人在投标过程中所发生的一切费用，均由投标人自己承担，投标书一律不退还。

中标人的投标保证金在签订工程承包合同，并按规定交纳履约保证金后退还。

未中标人自接到决标通知书其十五天内应归还业主招标资料，同时领回投标保证金。

第三部分　合同主要条款

发包方：（业主）：杭州××房地产开发有限公司××分公司（简称甲方）

承包方：（施工单位）：________________________（简称乙方）

鉴于甲方于____年____月____日已接受乙方对本合同工程的投标，根据《中华人民共和国合同法》、招标文件、投标书及其他有关规定，为明确双方的权利、责任和义务，经协商一致，签订本合同，共同信守。

1.工程概况

工程名称：××·××·××项目______号标段

工程地点：××市区××旁

设计单位：中国联合工程公司第一建筑设计院

地质勘探单位：××市城建勘察测绘大队

监理单位：___________________________

工程质量监督部门：××市质检站

2.合同工程内容

乙方就本合同工程内容的质量、造价、工期、安全文明施工，完工后的保修等实行总承包。

对甲方另行发包的其他工程，纳入乙方的总包管理范围，乙方必须接受，其费用应在报价时明确。

本合同工程不得转包，也不得将整个单位工程转包。如某分项工程确需分包，其分包人的资质条件必须符合该分包工程的要求，且获得监理单位和甲方的书面许可。

3.监理单位

甲方委托____________代表甲方对工程的质量，进度和投资实施监理。

乙方必须服从监理单位的监督和管理。

4.施工队伍

乙方投入本工程的具体施工队伍是________________；工程的分包人是________________。

乙方投入本工程施工队伍（含分包人）的素质、能力、力量和机械等必须符合投标书的承诺并满足工程的实际需要。

如施工现场管理混乱、施工质量和进度明显达不到合同要求时，甲方有权要求其加强管理、调整和充实力量，书面通知乙方，乙方必须接受。乙方应在三日内落实并向甲方报告。当上述措施仍无效时，甲方可终止合同，并追究乙方的经济责任。

5.工程造价与结算办法

本工程合同价为费率招标价，即一次性包死费率。

经双方平等协商，双方一致同意本工程费率为________%。（百分之_），其中安装工程费率_____%。合同承包费率不得调整或追加，即使是投标人的差错、遗漏或定额的修改、调整等原因。

该承包费率是为按照合同条款的规定和要求，完成从施工准备、开工至工程完工、竣工验收和保修期服务等承包的全部费用，不得以其他任何理由调整或变更。所有价格的核定与调整均由甲方指定代表签字盖章方为有效。

6.工程质量

乙方应配备质量检查人员，建立完善的质量保证体系、检查制度和登记制度。

乙方必须严格按照施工图纸、设计说明和双方确认的施工组织设计及国家现行的规范、规程和建安工程质量检验评定统一标准等有关规定，精心组织施工，对施工过程中和全部数据必须如实记录，并及时整理递交监理单位，严格把好每道工序的质量关，保证全部工程施工质量达到合格工程验收标准。

甲方委托监理单位代表甲方对工程的现场管理、施工质量和进度进行监督、检查和管理。

乙方在施工过程中如发现设计、设备、材料、施工等质量问题应及时通知监理工程师（重大问题同时向甲方报告）。其处理方法必须经监理工程师和甲方认可。

监理工程师或甲方代表如发现施工质量不符合要求，有权通知乙方进行修改、停止施工或返工，乙方必须接受。且由此发生的费用和工期损失均由乙方承担。

监理工程师和甲方有权对所城建工程以及设备和材料进行检查和检验，乙方应为监理的工作提供一切方便并提供必要的数据。

7.施工进度

本工程合同工期为________个日历天。开工以监理工程师发出的开工令中规定的开工日为准，实际工期以开工日至工程验收合格签证日扣除非乙方原因等待验收时间加乙方整改修补的时间为准，实际工时多少待定。

如因乙方原因造成工期延误的，均由乙方负责。

合同工期如遇下列情况，经双方在四天内协商签证（不能过后补签）可作相应顺延：

重大设计变更增加工程量而影响施工进度的；

因甲方提供的施工图纸资料、设备、材料未能及时供应到位，而影响施工进度的；

非乙方原因停水，停电每日连续4小时以上，而影响施工进度的；（现场备有自发电的此条不计）

因甲方未按约定的期限支付工程款，而使工程不能正常进行的；

不可抗力因素。

8.设备、材料供应

甲乙双方采购供应的设备和材料均需附产品安装使用说明书、合格证、质保书、试验（试车）报告等必要资料，经双方检验、监理工程师确认后，方可交付使用。任何一方对材料的质量有疑问时，有权要求复验。如复验合格，其复验费用由提出复验方负责。如复验不合格，复验费用以及相应的经济损失由材料采购供应方承担。

部分由甲方供应的设备，可能委托乙方催交，运输、验收、保管、乙方必须接受。其费用和相应责任按有关规定另行商定。

9.设计变更

甲方或设计单位及监理工程师发出的变更联系单，乙方必须接受并实施。

乙方在施工过程中如发现图纸上的错误或不合理情况，必须及时通知监理，并按照甲方和设计单位认可（出具）的经监理工程师签字的设计变更联系单进行施工，不得擅修自改设计图纸。

由于变更以整改后工作量签证，最后经审计后进入直接费。

如为施工方便而提出要求改变设计的，必须得到监理工程师的同意，其增加的费用，甲方不予支付。

10.安全文明施工

乙方应遵守工程建设安全文明施工的有关规定。认真落实各项安全保护措施，并随时接受甲方或监理工程师及有关部门的监督检查。

乙方应对进入施工现场的施工人员进行安全文明施工教育，配备必要的劳动保护用具，保证工程的施工安全和人身安全。

乙方应注意保护施工现场邻近建筑物、交通和附近居民的安全，防止因施工不当使附近居民的人身或财产遭受损失，如由于乙方原因造成事故的责任和由此发生的费用，由乙方承担。

11.环境保护

甲乙双方在施工过程中应遵守国家有关环境保护的法律、法规，采取有效措施，保护好施工现场和周边地区的环境。

乙方对施工和生活产生的各种生产、生活垃圾和废弃物应进行妥善处置，防止对环境造成污染，并严格控制施工噪声。

如由于乙方原因造成环境破坏或人员、财产损失的，乙方应承担全部责任。

12.工程款支付与结算

工程款按进度支付：施工至±0.000层为乙方垫资，±0.000层以上主体结构每月按实际工程量支付75%，主体结顶后再支付±0.000以下的垫资工程量的75%，工程竣工验收后支付到85%，尾款在办理审计决算后支付到95%，留取决算总造价的5%作为工程质量保修金（保修期满后退还，不计利息）。

施工水、电费采用装表计量，乙方按工程所在地电力局、自来水公司收费标准和实际用量在当月工程款中

扣除。（如备有自发电，则自发电费用也由乙方支付）

工程竣工后，甲方委托审计部门对工程结算款进行审计。并按审定的价格进行结算。审计费用按浙江省建设工程造价咨询服务收费管理办法（浙江省物价局浙价报（2002262号）的规定由甲、乙双方各自承担）。

13.工程验收与保修

乙方应按照工程建设的有关规定，及时如实整理施工记录和技术资料，并由监理工程师进行检验和签证。

隐蔽工程在隐蔽前，乙方应填写隐蔽工程施工检查记录和验收单，并提前24小时通知监理工程师和甲方。监理工程师和甲方及时组织有关部门验收，办妥验收签证后，才可进行下一道工序的施工。

主体工程或关键部位完工，应组织进行中间验收。

当全部合同工程完工，准备交工验收前，乙方应将由施工引起的垃圾、废料或各种障碍物全部清除。并按城建档案部门的要求，整理提交五套竣工资料。

当具备竣工验收条件时，乙方应提前十天提交工程竣工验收报告，通知甲方组织验收。甲方自接到验收报告和上述主要竣工资料后十五天内，应组织有关部门对工程进行验收。

在验收中，如发现有不合格项目，乙方应无条件进行整改或返工，直到验收合格方能签署验收证书。由于乙方原因进行整改或返工所增加的费用和延误的工期由乙方负责。

全部工程验收合格，自签署工程验收证书之日起十五天内，乙方的人员、机器和材料必须全部退场，并按规定内容整理交齐全部竣工资料。

若拖延清场，按拖延工期处罚。竣工资料不齐者，不予办理工程结算。

本工程按国家建设工程质量保修的有关规定实施保修，建筑工程保修期为竣工交付使用后______年（其中屋面保修期五年），安装工程保修期为____年，且至少为一个使用周期。

14.奖罚

如实际施工工期超过合同工期的，每天按2000元处罚，只罚不奖。

15.违约责任的争议

甲乙双方必须严格执行本合同的各项条款与规定，如不执行或执行不力对工程造成损失的，应承担相应的技术或经济责任。

任何一方未按合同履行义务，经双方协商未果，可要求有关主管部门调解。如其中一方不愿意调解或调解不成时，可按以下一种方式解决争议。

第一种：双方达成仲裁协议，向约定的仲裁机构进行仲裁；

第二种：向工程所在地的人民法院起诉。

16.合同生效与终止

本合同经双方加盖单位印章和法定代表人或其授权代表签字（盖章）后生效。

工程通过竣工验收，保修期满后失效。

17. 组成合同文件的各项文件应相互解释，互为说明。除合同另有规定外，其优先顺序如下：

“合同补充协议书”；
“合同协议书”；
“中标通知书”；
“询标纪要”；
“招标答疑”；
“投标书及附件”；
“招标补充文件”；
“招标文件”；
“图纸、资料”；
“投标报名书”；
其他。

18.其他

本合同未尽事宜双方应本着友好协商的精神，根据国家的有关法律、法规、规定和工程实际对合同条款进行补充或修改。

经补充或修改后的合同条款所形成的合同补充协议书是合同的组成部分，对甲乙双方具有约束力。

本合同一式十份，其中正本两份，双方各执一份，副本八份，双方各执四份。

本合同签订地点：

甲方：（盖章）	乙方：（盖章）
法定代表或授权代表：（签章）	法定代表或授权代表：（签章）
单位地址：	单位地址：
开户银行：	开户银行：
账号：	账号：
电话：	电话：
年 月 日	年 月 日

第四部分 投标文件

授权证书

________________：

我以______________（公司名称）法定代表人的身份授权

________________（姓名）、身份证号________________，为我单位的全权代表，以我单位的名义签署______________项目的投标文件及其他文件，参加开标、询标、商签合同以及处理与之有关的其他事务、我单位均予承认。

投标单位（章）：　　　　　　　　　　　证人（签字）：
法定代表（签字）：　　　　　　　　　　证人身份证号：
电话：　　　　　　　　　　　　　　　　证人所在单位：

年　月　日

投标书

____________________：

我方已全面阅读和研究了工程施工招标文件和招标补充文件，并经过对施工现场的踏勘、澄清疑问，已充分理解并掌握了本工程招标的全部有关情况。同意接受招标文件的全部内容和条件，并按此确定本工程施工投标的要约内容，以本投标书向你方发包的××·××·××项目进行投标，工程报价（土建和安装）为：工程造价直接费加______________管理费。项目经理是__________（身份证号码），技术负责人____________（身份证号______________________________）。

我方将严格按照有关招标文件的规定参加投标，并理解贵方不一定接受最低标价的投标，对决标结果也没有解释义务。如由我方中标，在接到你方发出的中标通知书起__________天内签订合同，履行合同规定的一切责任和义务。

本投标书自递交你方之日起______________天内有效，在此有效期内，全部条款内容对我方具有约束力。我方如出现以下行为之一者，即无条件支付投标保证金人民币__________元。（1）撤还投标书；（2）擅自修改或拒绝接受已经承诺的条款；（3）在规定的时间内拒签合同。

本投标书包括以下内容：

法定代表人签署的授权代表委托书；

投标保证金人民币______________万元。

投标说明：企业概况，承担本工程施工的总体设想，对招标文件的承诺意见，对业主的要求和建议；

投标费率汇总明细表，项目经理简历表，项目班子主要成员，进场主要施工机械表，拟分包项目情况表。

施工组织设计：包括劳动力的投入，施工机械的配备。质量工期目标及相应的技术管理保证措施、进度计划，主要分部分项工程的施工方法、现场总平布置图等；

投标人和计划派驻现场的项目经理和技术负责人近年来的业绩简介，获利情况和资信（资格）等证明材料；

询标记录；

投标报名及其他应提供的资料、文件及证明材料。

投标人（章）：　　　　　　　　　　　法定代表人或授权代表（签字）：
联系人：　　　　　　　　　　　　　　联系地址：
电话：　　　　　　　　　　　　　　　邮编：
开户银行：　　　　　　　　　　　　　账号：

年　月　日

2.实施施工招标程序

程序要点

第一，招标单位自行办理招标事宜的，应当建立专门的招标工作机构。该机构应当具有编制招标文件和组织评标的能力，有与工程规模、复杂程度相适应并具有同类工程施工招标经验、熟悉有关工程施工招标法律法规的工程技术、概预算及工程管理的专业人员。不具备这些条件的，应当委托具有相当资格的工程招标代理机构代理招标。

第二，招标单位在发布招标公告或发出投标邀请书的5日前，向工程所在地县级以上地方人民政府建设行政主管部门备案，并报送下列材料：

按照国家有关规定办理审批手续的各项批准文件；

前条所列包括专业技术人员名单、职称证书或者执业资格证书及其工作经历等的证明材料；

法律、法规、规章规定的其他材料。

第三，准备招标文件和标底，报建设行政主管部门审核或备案。

第四，发布招标公告或发出投标邀请书。

第五，投标单位申请投标。

第六，招标单位审查申请投标单位的资格，并将审查结果通知申请投标单位。

第七，向合格的投标单位分发招标文件。

第八，组织投标单位踏勘现场，召开答疑会，解答投标单位就招标文件提出的问题。

第九，建立评标组织，制定评标、定标办法。

第十，召开开标会，当场开标。

第十一，组织评标，决定中标单位。

第十二，发出中标和未中标通知书，收回发给未中标单位的图纸和技术资料，退还投标保证金或保函。

第十三，招标单位与中标单位签订施工承包合同。

注意事项

招标项目需要划分标段，一般情况下，一个项目应当作为一个整体进行招标。但对于大型项目而言，一个整体进行招标将大大降低招标的竞争性，毕竟符合招标条件的潜在投标人数量很少。

链 接

采用公开招标方式的可以通过国家指定的报刊、信息网络或者其他媒介发布工程招标公告。如果采用的是邀请招标方式，则向经过选择的承包商发出投标邀请，被邀请的承包商不应少于3家。

根据工程的性质、规模和技术难度等确定对投标单位的资质要求，不能低，但也不能过高，以免将有能力承揽此类工程的中小型承包商排除在外，而使他们不能参与竞争，致使报价整体被抬高。

业主选择投标单位时，在资质、业绩、信誉等均满足条件的情况下，应尽可能地选择在建工程不多，施工任务不十分饱满的承包商，这样，投标报价较低的可能性会大些。招标方还可以考虑选择那些第一次进入本地建筑市场，并有兴趣进一步开拓本地市场的投标单位，这样的投标单位有可能为了在新的市场占有一席之地，而采取成本报价投标策略，业主在招标中就有可能获得最理想的报价。但对这类投标单位，要特别注意考察它们的信誉、业绩和履约能力，并应要求提供履约保证。

实用范本

招标公告

（采用资格预审方式）

招标工程项目编号：________________

1. ______（招标人名称）______的______（招标工程项目名称）______，已由______（项目批准机关名称）______批准建设。现决定对该项目的工程施工进行公开招标，选定承包人。

2. 本次招标工程项目的概况如下：

2.1（说明招标工程项目的性质、规模、结构类型、招标范围、标段及资金来源和落实情况等）；

2.2 工程建设地点为__________；

2.3 计划开工日期为____年____月____日，计划竣工日期为____年____月____日，工期____日历天；

2.4 工程质量要求符合______（《工程施工质量验收规范》）______标准。

3.凡具备承担招标工程项目的能力并具备规定的资格条件的施工企业，均可对上述（一个或多个）招标工程项目（标段）向招标人提出资格预审申请，只有资格预审合格的投标申请人才能参加投标。

4.投标申请人须是具备建设行政主管部门核发的（建筑业企业资质类别、资质等级）级及以上资质的法人或其他组织。自愿组成联合体的各方均应具备承担招标工程项目的相应资质条件；相同专业的施工企业组成的联合体，按照资质等级低的施工企业的业务许可范围承揽工程。

5.投标申请人可从（地点和单位名称）处获取资格预审文件，时间为____年____月____日至____年____月____日，每天上午____时____分至____时____分，下午____时____分至时____分（公休日、节假日除外）。

6.资格预审文件每套售价为______（币种，金额，单位）______，售后不退。如需邮购，可以书面形式通知招标人，并另加邮费每套______（币种，金额，单位）______。招标人在收到邮购款后______日内，以快递方式向投标申请人寄送资格预审文件。

7.资格预审申请书封面上应清楚地注明“______（招标工程项目名称和标段名称）______投标申请人资格预审申请书”字样。

8.资格预审申请书须密封后，于___年___月___日___时____分以前送至______处，逾期送达的或不符合规定的资格预审申请书将被拒绝。

9.资格预审结果将及时告知投标申请人，并预计于____年____月____日发出资格预审合格通知书。

10.凡资格预审合格的投标申请人，请按照资格预审合格通知书中确定的时间、地点和方式获取招标文件及有关资料。

招标人：______________________________

办公地址：______________________________

邮政编码：________________联系电话：____________

传真：___________________联 系 人：____________

招标代理机构：__________________________

办公地址：______________________________

邮政编码：________________联系电话：____________

传真：___________________联 系 人：____________

日期：____年____月____日

3.签订施工合同

操作要点

第一，原建设部和国家工商行政管理局于1999年12月24日发布的《建设工程施工合同（示范文本）》，在合同文本通用条款中，虽然对有关概念给出了定义，但是不可能涵盖施工合同所有方面，因此有必要对比较重要的和可能产生歧义的概念进行定义。如开工时间、竣工时间的界定等。

第二，合同文本通用条款只给出了合同文件的一般解释顺序，合同当事人可以在专用条款中对合同文件的解释顺序进行特别约定，确定一个对自己有利的解释顺序，专用条款的特别约定效力优先于通用条款的规定。

注意事项

第一，在目前的建设施工活动中，存在重中标，轻履约；重报价，轻措施；重义务，轻权利；重口头承诺，轻证据保留；重实体规定，轻程序过程；重客观性，轻时效性。对于合同风险的估计和控制意识不强，相应的控制措施不到位，导致合同纠纷层出不穷。

第二，在合同的履行中，要注意，有关工程的变更、洽商等必须采用书面形式，对于监理工程师的口头指令及时进行书面确认。合同文本通用条款不承认口头变更和口头协议的效力，没有将其作为合同文件的组成部分。

链　接

如果投资的项目规模很大，其中又有许多复杂的专业项目，而建设方自身的专业管理能力又不够强，则应该考虑选择总承包的形式，将整个项目的全过程都交由一个承包商全面负责。这样做，虽然说总投资会难以压下来，但是避免了各专业之间协调配合不当、造成返工浪费，工期延误，增加管理成本等风险，这从另一个角度来看也就是节约了投资。反之，若规模不大，专业不多，且多为常规项目，则可以考虑由建设方直接与各专业承包商签订分包合同，并在分包合同中约定由各专业承包商向主要承包商交纳一定比例的配合费和管理费（一般为分包工程造价的2%～4%），这样既可以有利于建设方控制总投资，同时又以费用补偿的形式将协调配合的责任转移给主要承包商。

实用范本

长沙某小区建安工程施工合同

合同编号：

发包人：××实业投资有限公司

承包人：长沙市建设工程集团有限公司

第一部分　协议书

依照《中华人民共和国合同法》、《中华人民共和国建筑法》及其他有关法律、法规、规章和建设部与国家工商行政管理局《建设工程施工合同（示范文本）》GF-1999-0201，并结合本工程的具体情况，遵循平等、自愿、公平和诚实信用的原则，双方就本工程建设施工事项协商一致，订立本施工合同。

1.工程概况

工程名称：天心华府建安工程

工程地点：长沙市蔡锷南路

结构形式：框架结构

建筑面积：约5.4万平方米

2.工程承包范围

（1）发包人提供的本工程设计施工图包括下列工程

基础工程、地下室、土方回填及建筑垃圾外运、土建主体、屋面工程、外装饰、给水排水、配合发包人另行发包的消防、强弱电工程（表前强电）、电梯、裙楼门面及精装饰等。

（2）不包括的工程

电梯工程

变、配电工程(配电间内至各栋号低压电缆缚设)

园林绿化与车库顶板防水工程

一层大堂电梯厅内装修

消防工程

弱电工程

桩基工程

入户门及单元入口门采购及安装

人防门与人防工程设备的采购安装
玻璃幕墙工程及特殊钢结构工程

3.合同工期

（1）总工期（含节假日）

开工日期：暂定为2007年12月31日（以开工令为准）
竣工日期：2009年6月30日
合同日期：548天（日历天）

（2）中间进度日期

±0.000以下部分及地下室顶板完成时间：开工令下发后80天；
裙楼主体完成时间：±0.000完成后50天；
主体完成封顶时间：按5层/月计算；
外架拆除时间：主体完工后4个月内完成。

4.质量、安全与现场文明标准

质量标准：确保长沙市优良工程，力争省优良工程。
安全与现场文明标准：符合发包方颁发的《施工现场管理规定》要求。

5.综合性承包总价与决算价款

合同价款采用以下计价方式确定：

（1）承包方式

土建工程：本合同采用先确定综合性承包总价优惠费率，再确定综合性承包总价的方式进行土建工程发包。即以税前总价优惠__9__%为结算原则：甲方确定的主材价格，其主材价差不再优惠；甲方指定分包单价，由承包商发包的分包工程项目，其分包工程结算价款不再优惠，甲方未确定的材料价格按《长沙建设造价》2007年第六期发布的材料价格信息计算，进入优惠程序。

水电安装工程：按二类工程取费，所有主要材料品牌及价格由甲方确定。

（2）综合性承包总价

本合同暂定预算金额为______万元，综合性承包总价在发包方向承包方提供本项目正式施工图60天内（承包方在收到施工图30天内，按上述计算原则向发包人提供综合性承包总价预算）经双方核准，以综合性总价包干的形式，签订补充协议。

（3）综合性承包总价的确定

本合同价款采用以下计价方式确定

总价计算说明：

①工程计量原则

任何项目的计量，均应是发包人提供的施工图图示工程量，凡超过图纸所示任何尺寸均不予计量与支付

单独列项计算的项目：

防水、外墙保温工程、外墙窗：防水、外墙保温工程、外墙窗工程税前结算总价=结算工程量×结算单价。其中：结算工程量=实际防水、外墙保温材料接触面积、外墙窗外框面积，结算单价=厂家施工报价×（1+11%），此外，不再计算其他任何其他费用。

合同签订前约定价款、施工过程中不能另行签证的项目：

材料二次转运费，施工技术措施与冬雨期措施项目(如抽水台班)；

②定额套用：99版《湖南省建筑工程单位估价表》，与99定额配套的《湖南省建筑工程单位估价表编制说明》、《湖南省建筑工程单位估价表统一解释和补充定额汇编》；2002版《湖南省安装工程基价表》。

③主要材料综合性承包单价的约定：

甲方指定材料综合性承包单价=甲方确认的市场价（1+定额规定的采保费率%）（甲方指定材料详见合同附件一，略）

其他主要材料综合性承包单价：按《长沙建设造价》2007年第六期发布的材料价格信息计算。

《长沙建设造价》2007年第六期无发布价格的材料按本条第①点执行。

钢材价差的调整：钢筋工程施工期间，如《长沙建设造价》钢材同规格发布价平均值变化幅度超出《长沙建设造价》2007年第六期钢材发布价格±5%时，结算时只计算超出±5%的部分价差差值；即对材料价差超出±5%部分价差差值、经发包人签认后对综合性承包总价做相应增减。

其他主要材料价格变化幅度不论是否超过±5%结算时均不作调整。

④配合费的计算：

承包方与其他施工单位的配合费用:发包方单独发包项目管理与配合费按发包人与其他承包人所签订合同造价金额的3%计取，承包人不得再向其他施工单位和分包商收取任何费用。该费用含：发包人分包的入户门洞口的水泥砂浆或混凝土灌缝;其他施工单位及其他分包工程所用的水泥、砂、石、现场设备起吊以及对其他单位管理协调等其他费用。

其他协商计价费用：二次转运费、抽水机台班费、施工技术措施费、冬雨期施工措施费、外墙窗与洞口接缝封堵灌缝费、电梯安装井内手架搭拆使用费、外墙保温脚手架使用费等项目包干费的计算：以双方充分协商，结算时按人民币叁拾万元整进入税前造价。

⑤按双方约定的工程造价计费程序表计算综合性承包总价。

⑥综合性承包总价包括范围：

完成合同文件规定要求的项目所必需的开办费、施工机具、进出场费、劳务、材料、设备、施工、安装、维护、工程管理、保险、利润、税金、临时工程、安全生产与现场文明管理与维护费用、与其他施工单位的配合费用、分包工程管理配合费用以及合同明示或暗示所有应由承包方承担的工程和政策风险、责任和义务等所有费用;但不包括发包人代缴的劳保基金。

（4）综合性承包总价调整的约定

合同价款在协议书中约定后，任何一方不得擅自改变，合同执行期间，如无下面允许调整合同总价事件发

生，双方不得以任何理由变更固定综合性承包总价。

允许调整合同总价事件的规定：承包方未采用发包方指定材料、设备而应削减的价格；材料、设备型号、档次与发包方指定不符而应削减的价格；发生设计变更；发包方要求增加或减少的实物工程量。

因承包人自身原因导致的工程变更，承包人无权要求追加合同价款。

（5）设计变更或发包方要求增加或减少工程量计价原则

按增加或减少的工程量和合同附件相应的工程造价变更计价程序表增减综合性承包总价。

（6）决算价款

合同决算总价=综合性承包总价±按本合同相关规定应增减的工程造价–施工用水用电费用。

注：水电费用的支付：乙方施工用水、用电按施工现场所装水、电表计量读数+总分表读数误差，由双方指定人员共同抄表、分摊签认，按同期自来水公司、电业局公布的基建用水、用电价格在本合同应付工程款中扣除。

6.款项支付

（1）发包人应按下列方式向承包人支付工程款

承包人完成承包范围内基础到地下室顶板混凝土工程施工，已完工程造价经双方核准无误；5个工作日内支付已完工程造价的50%，并扣减应扣除的费用。

承包人完成承包范围内所有裙楼屋面混凝土工程施工，已完工程造价经双方核准无误，5个工作日内付足已完工程造价的50%，并扣减应扣除的费用。

承包人每完成六层塔楼主体楼面混凝土施工（主体封顶除外），已完工程造价经双方核准无误；5个工作日内付足已完工程造价的80%（塔楼完成第一个六层时按50%的比例支付），并扣减应扣除的费用。

承包方完成承包范围内所有主体工程封顶屋顶，已完工程造价经双方核准无误；5个工作日内付足已完工程造价的80%，并扣减应扣除的费用。

承包方完成承包范围内屋面至十、二十、三十层外墙装修、外架拆除，已完工程造价经双方核准无误；5个工作日内付足已完工程造价的80%，并扣减应扣除的费用。

承包方完成承包范围内所有外装修、外架拆除，已完工程造价经双方核准无误；5个工作日内付足已完工程造价的80%，并扣减应扣除的费用。

承包人承包范围内的所有工程全面竣工验收合格，已完工程造价经双方核准无误；15个工作日内付足已完工程造价的90%，并扣减应扣除的费用。

承包人承包的项目移交发包人委托的物业公司、经物业公司验收签字认可，工程结算经双方签字认可、扣除所有应扣除的费用后，60天内付足至结算总价的97%。

承包方施工期间用水、用电装表计量，在各分次付款中按施工期间水、电收费部门相关文件规定的水、电价格，以实际用水、用电金额从各分次付款中扣减。

质量保修金的支付按合同附件《工程质量保修书》的约定办理。

（2）各分次付款具体金额，待合同承包总价确定后，在补充协议中明确。

（3）工程款的支付方式：通过甲乙双方开户银行转账支付，付款日期以甲方给乙方有效支付转账支票的支付日期为准。

（4）乙方在收到转账支票前应向甲提交与本次应付款金额等额的税务发票，或采用甲方代扣税的方式进行。

7.组成合同的文件

本合同协议书
中标通知书（或定标书）
投标书和其附件及其各项澄清及答疑文件
招标书及补充资料和投标预备会标书澄清及答疑文件
本合同专用和通用条款
标准、规范及有关技术文件
图纸
工程预算书（含详细的工程量计算式）

8.其他

本协议书中有关词语含义与本合同第二部分《通用和专用条款》中分别赋予它们的定义相同。

9.承包人向发包人承诺

施工过程中严格遵守发包人制订的工程项目管理规定；按照合同约定进行施工、竣工，并在质量保修期内承担工程质量保修责任。

10.付款

发包人向承包人承诺，按照合同约定的期限和方式支付合同价款。

11.合同生效

合同订立时间：2007年　月　日
合同订立地点：

发 包 人：（公章）	承 包 人：（公章）
住所：	住所：
法定代表人：	法定代表人：
委托代理人：	委托代理人：
电话：	电话：
传真：	传真：
开户银行：	开户银行：
账号：	账号：
年　月　日	年　月　日

三、施工前基础准备

1.土地开发基本要求——三通一平

准备要点

通过招拍挂出让方式的土地项目除具备政府批文、有效规划意见书和其他相关文件外，原建设单位在申请土地入市交易前还必须进行一定的土地平整工作。其中入市公开交易的土地，需达到“三通一平”及取得市政接用方案。

注意事项

三通一平属于土地一级开发的内容。它既是一种集征地、拆迁、补偿、规划设计、市政基础设施、公共配套设施和环境景观建设于一体的项目系统工程，也是一种集土地资源管理、城市规划、城市建设、环境保护等各政府部门管理与控制于一体的管理工程，涉及了与土地、房地产相关的经济、社会、法律等多学科知识。

链　接

三通一平是建设单位负责实施的，建设单位在处理该费用时一般都是列入工程建设的前期费用中，但如果工程总承包的就不计入内，要列入总承包费用里。工程建设前期费用，主要包括三通一平费用和专用费用。三通一平费用是指使建筑地段的土地平整，达到通给水排水，通电，通路等投入的资金。大面积或不成熟的小区建设在此项费用上的投入是可观的。专业费用指支付设计公司总体规划，房型设计等费用，开发商若重视此方面的投入，将给其本身和消费者带来利益。

实用范本

施工准备阶段工作指引

1. 甲方（建设方）的基本工作内容

第一，指派甲方代表，确定甲方代表工作职责和相关要求。制定各种施工管理制度和管理措施、质量管理制度及奖惩措施、质量通病防治措施（结合项目定位时的质量通病调查情况）、监理管理制度（即针对监理管理的具体措施）、现场协调会制、现场大检查制、工程档案管理制度，制定完成后报集团工程部备案；

第二，项目部应根据项目特点，明确施工过程中各质量监控点、监控方式及控制责任。在确定施工过程监控点时，应综合考虑施工工序的质量特性、顾客关注程度、可能的技术措施以及相关方（施工、监理）的能力和配合表现。对施工过程中的隐蔽工程、关键工序、影响景观的施工部位，及对进度和成本有重大影响的施工过程，必须作为重点质量监控点，计划制定完毕后报集团工程部备案；

第三，按工程报建程序要求，与集团职能部门一起完成开工前的报建手续，含各种临时手续的办理，如临时电、临时水、临时道路、道路开口等，并将工程报建程序报送办公室备案。土地使用权证、建设用地规划许可证、建设工程规划许可证、施工许可证、销售许可证应在开工前报送办公室备案。定位放线基本坐标控制点、高程控制点的确定和保护。确认施工现场“三通一平”。核实施工许可证的发放。协助营销企化部确定交屋标准，作为楼书的重要内容。工地形象的要求及实施：如工地围挡、工地大门、门岗、门卫室、甲方代表办公室、监理办公室、施工单位办公室、材料堆放场地、材料堆放要求、施工场地（围挡、标牌、施工器具等）、施工道路、施工通道（含参观、检查、看楼、工作通道）、警示牌（大小、颜色、字体、位置、高低等）、宣传标语、胸牌、工地出入证等一系列有关工地形象的内容，均应作出具体的形象规定和要求，并应以书面文件确定；

第四，对项目的质量总目标进行分解、细化，编制相应的专业工作计划。需要编制的专业工作计划包括（不限于）：项目开发总进度计划、总成本计划、资金需求计划等。计划应缜密和完善，保证各项计划接口的顺畅，计划制定完成后应上报至集团工程部，并发至其他相关部门及相关方配合执行，以确保计划的按期完成。其中项目总体进度计划还应按年度、季度、月度进行分解落实；

第五，各部门对内和对外统一宣传口径。图纸领取、分发，含总平面图、道路图、管网图、施工图、景观环境图、装饰装修图等。向监理单位和施工单位移交场地。图纸复核工作，确保销售图纸和施工图的一致性，与设计部、企划部一起确认，并形成复核记录。技术交底和图纸会审工作。施工组织设计的审核。第一次现场协调会的召开，集团公司工程总监、工程部、甲方代表、监理单位、施工单位参加，在会上明确项目的管理要求，下发各种管理制度和措施，就项目的具体管理方式达成共识。审核开工报告。

2. 乙方（施工方）的工作内容（供参考）

第一，项目部组建成立；

第二，施工组织设计的编写；

第三，施工计划的编写（今后每月、每周要有细化分解计划）；

第四，场地交接；

第五，施工现场、临时设施的建设；

第六，人员、材料、机械器具进场；

第七，领取施工许可证，并办理相关手续；

第八，领取图纸，准备并参加图纸会审；

第九，现场安全生产文明施工保证措施和制度的建立；

第十，各关键部位施工方案的编制，如地下车库、车库防水、大体积混凝土、转换层、基坑开挖和支护、桩基础、冬期施工、外墙装饰、幕墙、干挂大理石等；

第十一，开工报告的编写；

第十二，参加第一次协调会，领会管理方式，学习相关管理文件。

3. 丙方（监理方）的工作内容（供参考）

第一，项目部组建成立；

第二，监理规划、细则的编写；

第三，参与场地交接；

第四，参与定位放线；

第五，接收图纸，熟悉并参加图纸会审；

第六，审查施工组织设计；

第七，审查施工计划及重点关键部位的施工方案；

第八，审查开工报告；

第九，参加第一次协调会，领会管理方式，学习相关管理文件。

2.施工组织设计审批

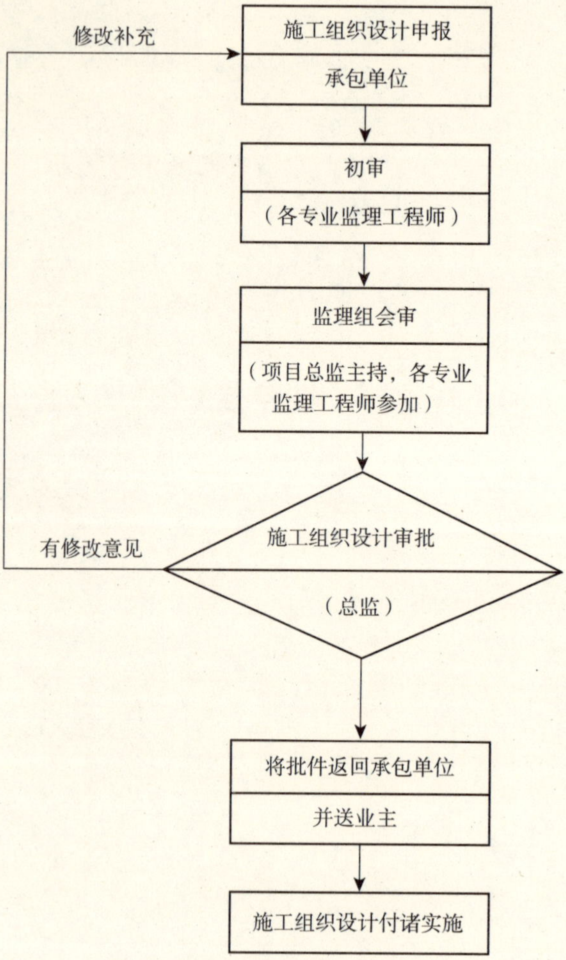

施工组织设计审批流程图

实施要点

为了使施工组织设计编制得及时、适用，必须抓住重点，突出“组织”二字，对施工中的人力、物力和方法，时间与空间，需要与可能，局部与整体，阶段与全过程，前方和后方等给予周密的安排。从突出“组织”的角度出发，在编制施工组织设计时，应重点编好以下三项重点内容：

重点一，在施工组织设计中是施工部署和施工方案，在单体工程施工组织设计中是施工方案和施工方法。前者的关键是“安排”，后者的关键是“选择”。这一部分是解决施工中的组织指导思想和技术方法问题。在编制中，要努力在“安排”和“选择”上做到优化。

重点二，在施工组织设计中是施工进度计划，在单体工程施工组织设计中是施工工期计划。这部分所要解决的问题是顺序和时间。“组织”工作的得力，主要看时间是否利用合理，顺序是否安排得当。巨大的经济效益寓于时间和顺序的组织之中，绝不能稍有忽视。

重点三，在施工组织设计中是施工总平面图，在单体工程施工组织设计中是施工平面图。这一部分是解决空间问题和施工“投资”问题。它的技术性、经济性都很强，还涉及许多政策和法规问题，如占地、环保、安全、消防、用电、交通等。总之，三个重点突出了施工组织设计中的技术、时间和空间三大要素，这三者又是密切相关的，设计的顺序也不能颠倒。

注意事项

第一，建设项目的生产工艺流程、投产先后顺序，都要服从施工组织总设计的规划和安排。安排各单位工程开竣工期限，满足配套投产。

第二，确定重点，保证进度；建设总进度一定要留有适当的余地；选择有效的施工方法，优先采用新技术、新工艺，确保工程质量和生产安全；充分利用正式工程，节省暂设工程的开支。

链　接

从施工组织设计编制的特点看：施工组织设计是以单位工程为对象进行编制的，有很强的技术性和综合性，需要编制人员有足够的建筑工程理论基础和一定的实践经验。施工组织设计的内容必须适应工程项目和业主、设计、监理的特殊要求，同时也必须符合国家有关法律、法规、标准及地方规范的要求。施工组织设计编制必须满足最终的一个基本要求即对施工过程起到指导和控制作用，在一定的资源条件下实现工程项目的技术经济效益，达到施工效益与经济效益双赢的目的。

实用范本

施工组织设计审查指引

1. 施工组织设计审查要求

第一，项目工程经理在工程承包合同正式签订后，应要求施工单位在20天内提交实施性项目施工组织设计。

第二，项目主管负责督促监理单位总监理工程师组织审查施工组织设计，并提交书面审查意见。

第三，收到监理单位的施工组织设计审查意见后，由项目主管组织各专业工程师对照监理单位的审查意见和施工组织设计进行审查。

第四，参与审查人员填写“施工组织设计审查意见表”，由项目经理决定是否需要施工单位重新修订施工组织设计，或提交补充文件。

2. 文件形式审查

第一，施工单位提交的施工组织设计必须加盖公司印章，并与工程合同签订单位一致。同时必须有施工单位技术负责人的批准签名，或同意该施工组织设计的声明函件。

第二，监理单位提交的审查意见书应由项目总监理工程师签署，意见书的内容应能清晰反映监理单位对下述条款内容的全面审查。

第三，所有不符合形式要求的施工组织设计或监理审查意见书，均必须退回原单位予以更正。

3. 文件内容审查要点

（1）施工组织设计与承包合同条件的符合性审查

第一，工程开工、竣工日期、总工期应符合承包合同要求。若比承包合同总工期有所延长，必须经原批准工程承包合同的批准人书面批准。

第二，工程质量等级及质量措施要求应不低于施工承包合同约定的承诺。

第三，施工成本的增加不能超过合同约定的工程造价。若引起合同内工程造价超过工程承包合同数额，必须经原批准工程承包合同的批准人书面批准。

第四，施工承包合同内规定，按施工组织设计确定的措施方法增加的合同外工程造价部分的费用应严格控制，必须采用的，应单独编制工程预算进行审查。

（2）施工方案及施工方法的审查

第一，施工方案应与施工环境适应与协调。施工环境包括：工程地质状况、水文地质条件、周边建筑物结构及基础形式、运输道路等级及允许作业时间、原材料及半成品供应状况、是否使用商品混凝土、施工噪声干扰、工程结构特点、当地政府部门建筑市场管理规定、政府部门对专业施工的要求等。

第二，各分项分部工程施工顺序合理，原则上尽量避免颠倒顺序施工。对因工期要求需进行平行立体交叉施工的分项分部工程要有详细的计划和措施。各分项工程施工顺序应符合施工规范、操作规程、设计图纸要求。

第三，施工流水段的划分合理。流水段分界应保证结构安全，各流水段工程量应基本相等，每个流水段的计划时间与发挥劳动力效率相协调，流水段划分数量便于管理。

第四，施工机械设备的规格、型号、数量要求既能满足需要，充分发挥机械效率，又不造成施工成本增加。

第五，施工方法技术成熟、先进（指施工方法应有利于提高工效、提高质量、生产标准化、机械化）。一些重大的施工方法选择（如基抗围护方法、降水方法、模板施工方法等）应就其不同施工方法的安全性、成本高低、效率高低进行专题分析论证后择优确定。

（3）技术组织措施审查

第一，质量保证措施。包括以下内容：质量保证体系的建立，项目质量计划编制，工序自检、互检、交接检制度，分级质量责任制，优劣奖励办法，质量教育培训措施等。

第二，质量技术措施。包括：按工法组织施工，施工技术交底，工序施工技术工艺卡，重点部位（如大体积混凝土浇筑）质量技术措施，质量监控手段和仪器配备，计量设备配置及状态，新产品、新材料、新工艺、新技术的具体实施技术措施等。

第三，安全生产措施。包括：安全生产保证体系，安全生产责任制，安全生产教育制度，预防高空坠落、物体打击、触电及机械伤害等事故的专项技术措施。

第四，冬、雨期施工措施。包括：防火、防风、防低温冻害、冬雨期半成品保护措施等。

第五，降低成本措施。一般施工单位都有一套自己成熟和习惯的降低成本措施，审查时主要注意：是否因降低成本而降低了工程质量；合同外措施费用增加要控制在工程成本机动数的限额内。

（4）施工进度计划的审查

工程进度主要控制点（如基础工程完成、结构封顶、外装修完成等），应满足销售计划的时间要求。

第一， 工程进度计划图中的施工顺序、流水划分与施工方案和施工方法一致。

第二，用网络计划技术评价工程进度计划，是否已尽可能达到施工均衡、连续，工期费用节省，留有调整余地的要求。

第三，工程进度计划与机械配置、劳动力调配、材料、成品、半成品、设备采购供应计划是否一致。

（5）施工总平面布置的审查

第一， 施工机械、场内道路、材料堆场、生产生活临时设施、施工用水电管线等是否布局紧凑、占地少、方便施工、保证安全。

第二，进场主要材料水平运距短，装、卸 、吊方便，二次搬运少。

第三，生产生活设施互相干扰小。

第四，不占永久建筑物位置，不破坏地下管线，不影响市容。

第五，符合当地政府安全文明施工规定要求。

第六，临时设施面积、容量是否满足材料储备、半成品加工、现场机械维修、特殊工种安全等施工需要。水、电线路能否满足施工负荷要求。

第七，临建工程总费用控制，原则上应不超出定额中临建费用的比例。

（6）施工单位项目经理部组织机构的审查

第一，施工单位派出的项目经理是否取得与工程项目等级相应的任职资格证书，其实际施工经验和能力是否胜任。

第二，施工单位派出的项目经理部总工程师（项目施工技术负责人）及其他主要管理人员是否取得相应任职资格，实际能力是否胜任。

第三，组织机构权责系统是否健全。

第四，操作工人情况审查，包括：有特殊工种上岗证书的持证上岗人员比例、工人培训教育状况等。

第二期
施工进行期

一、施工质量管理流程

1.日常质量管理实际操作

操作要点

质量保证体系是为适应外部质量保证要求，在企业质量管理体系基础上建立起来的质量体系，它的建立主要包括以下几个方面的内容：任命企业质量保证总工程师；任命项目质量保证工程师；选定质量保证模式；质量体系要素分解和质量职能展开；编制质量保证体系文件；建立项目质量保证机构；各项配套管理制度的建立或完善。

注意事项

建筑工程质量控制包括三个方面：

第一，事前控制。事前控制即对施工前的准备阶段进行的质量控制，要求预先进行周密的质量计划，一方面强调质量目标的计划预控，另一方面是按质量计划对质量活动前的准备工作进行控制，它是整个质量控制的关键。

第二，事中控制。事中控制是对施工过程中质量活动的行为约束，即质量产生过程中各项技术作业活动操作者在相关制度的约束管理下，去完成预定的质量目标。

第三，事后控制。事后控制是对于施工过程所完成的具有独立的功能和使用价值的最终产品及其有关方面的质量进行控制，它包括对质量活动结果的评价认定和对质量偏差的纠正。

链　接

建设工程项目质量管理应从开工前期逐项进行控制，从多方面采取措施把握关口，把容易忽视与偏重的几方面问题相协调配合。容易被忽视的问题：

第一，偏重施工质量监督,忽视设计质量监督

在许多地区，建筑行业从业人员认为施工质量应当是工程结构实体质量的关键,总是在施工过程中严格控制各工序流程的疏漏问题,这在质量管理及隐患造成根源上产生了明显偏差。

第二，偏重土建质量,忽视功能和配套设施及设备的质量

在政府部门组织的质量审查及竣工验收中，问题整改通知上多集中在土建方面，对水、暖、电、智能、电梯、防火、卫生、设备等配套设施检查力度较小，容易被忽略,施工方容易蒙混过关。

第三，偏重表面质量,忽视隐蔽质量

一般工地检查质量、评估工程、竣工验收和用户反馈意见等，往往偏重于外露的质量问题，对较隐蔽的质量问题，如:钢筋间距均匀性、下料长度、箍筋弯钩角度、搭接绑扎质量、焊接接头质量及管线耐久性等均较容易忽视。

第四，偏重施工阶段现场质量管理,忽视工序进行前的准备工作管理

施工过程中往往盲目急切追求节省工期和人员配置开销，而导致在管理结构体系上遗留下监督某些必要工作进展情况的严重空缺。

第五，偏重个体计划质量及施工进度,忽视整体效率

在北方地区温差较大、建设周期短，开发商和建设单位为避免工期拖延而影响资金回收，通常加班加点赶工程进度，虽然较快地完成了建筑实体的施工并尽早提出交工申请以方便备案和办理房产，但由于其他相关工程来不及施工，许多遗留问题暂时不能处理解决。

实用范本

项目质量管理方案

1.施工图纸会审管理方案

进场后，由项目技术负责人组织现场管理人员学习、熟悉施工图纸，了解设计意图，同时找出问题与矛盾。

由集团公司技术部门组织图纸会审，组织各专业共同核对图纸，提出问题及不详处，协商施工配合事宜，形成会审纪要后提交设计、监理和建设单位。

在图纸会审的基础上组织设计交底及图纸会审。图纸会审时会同总承包、设计单位、监理及分包单位有关人员共同进行，开成纪要后经各方确认并盖章后组织实施。

根据工程施工的具体情况，图纸会审可分阶段进行。

2.设计变更管理方案

设计变更应由提出单位办理技术核定单，并经设计单位、总承包、监理和建设单位共同签字认可。

施工过程中发生的材料代用，施工做法改变或施工条件变化而需要修改，提出单位应办理技术核定单。

对发生的设计变更，要及时传达到项目部有关专业技术管理人员手中。

3.施工组织设计管理方案

施工组织设计由项目技术负责人主持编制，并经集团公司总工程师批准后实施。

各专业分包必须提供相应专业的施工组织设计。

施工组织设计要对项目部全体成员进行交底。

做好施工设计的调整，实行动态管理。当施工条件发生变化时，编制施工组织设计调整方案，报原审批人审批后执行。

4.技术交底管理方案

工程开工前，由集团公司总工程师对整体工程进行技术交底。

项目技术负责人负责分部工程的技术交底。

分项工程开始前，由放工员或专业技术负责人要对班组进行技术交底。

分部和分项交底的内容应包括施工式艺、操作规程、质量标准、质量通病的防治措施等。对关键部位施工要点和质量要求要仔细交代。

各项技术交底均要做好书面记录。

5.现场质量检查方案

项目部每周组织不少于一次的工程质量检查，通过现场黑板报和简报公布检查结果，奖优罚劣，调动现场施工人员的积极性。

项目部专职质量管理人员要将主要精力放在作业面的巡视检查。项目部管理人员应经常深入现场，对施工操作质量进行检查；必要时，还应进行跟班或追踪检查。

现场质量检查方法可采用目测法（手段为看、摸、敲、照），实测法（手段为靠、吊、量、套）和试验检查。

质量检查依据见下表。

分项工程名称	检查内容	验评标准及规范	检查工具
土方	基底土质、验槽记录、取样试验、外形尺寸及标高	GB/T 50205-2001；GB 50210-2001；GB 50202-2002；设计图纸等	水准仪；经纬仪；圈尺、靠尺、塞尺
模板	模板尺寸、强度、刚度、稳定性、接缝、隔离措施等	GB/T 50205-2001；GB 50210-2001；GB50204-2002；设计图纸等	水准仪；经纬仪；钢尺、麻线、托线板、塞尺
钢筋	钢筋及焊接合格证，试验报告，钢筋外观质量、规格、形状、尺寸、间距、锚固、接头设置等	GB/T 50205-2001；GB 50210-2001；GB50204-2002；JGJ18-96；设计图纸等	钢尺；游标卡尺
混凝土	水泥、砂、石、水按规定试验、混凝土配合比、计量、搅拌、振捣、养护、施工缝、试块等	GB/T 50205-2001；GB 50210-2001；GB50204-2002；GBJ107-87；设计图纸等	水准仪；经纬仪；钢尺；托线板；塞尺；线坠等

续表

分项工程名称	检查内容	验评标准及规范	检查工具
砌砖	砖合格证试验：砂浆试验、配合比、砌体的饱满度、接槎、错缝、拉结筋、平整度，垂直度构造柱等	GB/T 50205-2001；GB 50210-2001；GB 50203-2002；设计图纸等	百格网，钢尺；经纬仪；水准仪；托线板；线坠；靠尺；塞尺等
地面与楼地面	各种面层材质、强度（配合比）、密实度、各层的粘合情况、泛水渗水等检查	GB/T 50205-2001；GB 50210-2001；GB50209-2002；设计图纸等	小榔头、靠尺、塞尺、麻线
墙面抹灰	抹灰砂浆配合比、抹灰层与基体间粘结：接槎处平整度、滴水线、墙面的横平竖直等	GB 50205-2001；GB 50210-2001；设计图纸等	小榔头、靠尺、托线板、塞尺
油漆刷浆	材料品种同设计样品比较；面层光泽度、颜色、分色线等	GB 50205-2001；GB 50210-2001；设计图纸等	观察及手轻模检查
门窗安装	窗框牢固性、安装位置、开启方向、框与墙间的保温材料、预埋件、小五金等	GB 50205-2001；GB 50210-2001；设计图纸等	直尺、塞尺、圈尺、托线板100N弹簧秤等
屋面工程	找平层、保温层、防水层、隔热层等	GB 50205-2001；GB 50210-2001；GB 50207-2002；设计图纸等	靠尺、卷尺、塞尺等

6.隐蔽工程验收与技术复核方案

对具备覆盖、掩盖的部位的陷落工程验收分项，在自行检查合格的前提下，提前通知有关方面进行验收，未经监理复核审定不得进入下道工序。并应及时办理检查记录，签字齐全。

工程施工过程中，应按部位、按工序进行技术复核，未经检查验收的分项不得进入下道工序。

工程竣工前，由总承包单位组织初验，严格执行建设部关于建筑案卷工程竣工验收五条标准（工程项目按设计、规范要求全部完工；建筑物窗明地净，水通灯亮；采暖通风调试完毕，设备试运转达到设计要求、符合规范要求，数据准确有效；场地全部清理完毕，质量保证和技术资料齐全，符合标准。）确认达到竣工要求后，进行正式的竣工验收。

7.三检和工序交接检方案

三级检查制度，即班组自检、施工员复检、专职质量员专检。

工序交接检查，即由下道工序操作人员对上道工序进行检查。上道工序未经验收合格，下道工序不得插入。

对不合格工序、部位坚决予以返工，并将质量问题进行分析，制定预控和防范措施，杜绝再发生同样质量问题。

8.分项（工序）样板方案

在分项（工序）施工前，由项目部专业责任人，依据施工方案和技术交底、现行的国家规范、标准要求、组织配属队伍的责任班长进行分项（工序）样板施工。

在施工部位挂牌注明工序名称，施工责任人，操作班长，施工日期等，等样板施工完成后，赶写分项（工序）样板施工记录，报项目部复查合格后，再请监理、建设单位验收，如合格则组织本工序专业班组人员实地学习，然后全面施工。

分项（工序）大面积施工时，以样板的质量标准进行质量控制与验收。

9.施工部位挂牌方案

作业班组在每个施工部位挂牌，注明部位、班组名称、操作人员姓名、施工质量状况等，加强操作人员的责任心，督促各责任人严把施工质量关。

对连续两次发生质量问题的，无论问题大小，都给予一定的处罚，直至清除出场。

10.作业人员素质管理方案

定期对项目施工人员进行规范、规程、工序工艺、标准计量、检验等质量管理基础知识培训，开展质量意识教育。

树立为“用户服务”和“下道工序就是用户”的思想，严格按照工艺规范，使每个操作人员做到不合格工序不进入下道工序的施工。

项目经理部的管理人员都必须具有相应的专业技术等级职称和上岗证书。

对分项施工人员进行技术等级复核，并对操作人员进行技能抽检。特殊工种必须有相应的技术等级证书方能上岗操作。

11.原材料质量管理方案

在材料、构件的外采购前，应向采购部门提出质量要求。

对供应厂商的生产能力、技术力量、生产稳定性和管理水平需有一个较全面的了解。

做好原材料的进场验收和取样试验工作。

对用于工程的主要材料，进场时必须具备正式的出厂合格证和材质化验单。钢材必须有质保书和试验报告，并做机械性能复验；对焊和电渣压力焊钢筋做抽样试验。水泥、防水材料、电焊条等同样必须具备质保书和试验报告。工程中所有各种构件，必须具有厂家批号和出厂合格证。

钢材、水泥取样，混凝土和砂浆试块制作时应实行旁站制度，即在工程监理人员在场的情况下进行操作。

在现场配制的材料，如混凝土、砂浆等的配合比，应先提出试配要求，经集团公司下属中心试验室试配检验合格，提供配合比。

本工程装饰材料品种较多，大量采用花岗石、地砖、石膏板、塑铝板等高档装饰材料。目前装饰市场上，名牌建筑产品的假冒产品较多，鱼目混珠。在材料进场时，对品牌、规格、尺寸、平整度、色差等严加把关，杜绝假冒产品进入现场。

原材料进场后必须挂牌标识。

12.设备管理方案

制定机械设备使用的最优方案。根据工程占地面积、工程量、结构特点、施工需要等具体情况选择施工机械并合理布置。

采用先进的施工机械来投入施工。

广泛采用新技术、新结构的建筑机械，并在施工生产中采用计算机调控监督系统，提高机械设备使用水平。

在机械设备进场安装使用之前首先按产品规范进行验收，发现问题应及时交涉解决，并做详细验收记录，办理好必要的移交手续。

定期对机械设备有计划地进行清理、润滑、调整、紧固、排除故障、更换磨损失效的零件，使机械设备保持良好的状态。

13.计量管理方案

施工中应用的文件、图纸、资料、报表应采用国家法定计量单位。

凡新购、修复、安装的计量器具，必须经检定合格后方可使用，并按计量检测要求进行周期检测。

各类工程测量、试验、质量评定等使用的计量器具、其种类、规格及精度应满足国家施工规范和质量检验标准的要求。

14.专业分包管理方案

审查分项工程的施工方案。

项目经理部配备资深专业技术人员，加强专业侵蚀工程施工过程中的巡视检查，及做好陷落工程验收、关键部位的质量监控。

把好材料、设备质量检验验收关。

督促专业分包单位及时做好技术档案资料的收集和整理。

15.技术资料及竣工图管理方案

各项技术资料均应按工程进展，及时填写和收集，并分门别类，不允许集中补办存在。

按建设主管部门的规定做好竣工技术资料收集工作。工程交工前，由公司工程管理处检查无误后，统一整理汇总，并按“鲁班奖”评审要求装订成册。

竣工图的绘制应与工程进度同步。

专业分包工程的资料收集和管理是资料管理中的一个薄弱环节，分包管理部要加强对此项工作的协调和管理。各专业分包单位均设专人负责编制技术资料，并在工程交工前统一送总承包汇总。

2. 施工质量检查和突发问题的管理

管理要点

对施工中检查的问题进行汇总、记录即可掌握常见问题，以便有针对性地加强技术培训，亦能循序改善施工中的常见问题，达到质量标准。如此既避免了质量隐患所致的工程不达标而造成的返工损失，又可充分体现记录的完整、原始、可追溯性。熟练掌握施工技术，明白质量要求，强化班组作业能力，最终达到提升工程质量的目的。

注意事项

针对施工过程质量检查中存在的常见性问题进行汇总分析，继而通过项目行政制度支持，采取对常见问题进行执行整改后效果检查，制订定期质量考核检查制度。检查小组成员包括各个作业队、班组长，通过检查相互交流促进，完善各自存在的不足。对评比结果、存在的问题提出整改意见，分别对优秀及后进进行奖罚鞭策。

链 接

建筑产品的形成是个复杂的动态过程，在施工过程中，由于受到各种波动因素(人、机、料、法、环等)的影响，工程质量的波动不可避免在不同程度上存在着，超过允许偏差范围就会产生不合格品。为了保证工程质量，企业在施工过程中必须对原材料、半成品、工序活动等进行质量检验。同时，加强对施工过程质量控制(即工序活动)又是将严格把关与积极预防相结合，自检、互检和专业检验相结合，从“事后把关”转移到“事先预防、过程监督”上来，把不合格品消灭在它的形成过程中。

实用范本

建筑施工安全检查评分汇总表

企业名称：

单位工程（施工现场）名称	建筑面积（m²）	结构类型	总计得分（满分分值100分）	项目名称及分值									
				安全管理（满分分值为10分）	文明施工（满分分值为20分）	脚手架（满分分值为10分）	基坑支护与模板工程（满分分值为10分）	“三宝”“四口”防护（满分分值为10分）	施工用电（满分分值为10分）	物料提升与外用电梯（满分分值为10分）	塔吊（满分分值为10分）	起重吊装（满分分值为5分）	施工机具（满分分值为5分）

评语：					
检查单位		负责人		项目经理	

年 月 日

安全管理检查评分表

序号	检查项目		扣分标准	应得分数	扣减分数	实得分数
1	保证项目	安全生产责任制	未建立安全责任制的，扣10分 各级各部门未执行责任制的，扣4～6分 经济承包中无安全生产指标的，扣10分 未制定各工种安全技术操作规程的，扣10分 未按规定配备专(兼)职安全员的，扣10分 管理人员责任制考核不合格的，扣5分	10		
2		目标管理	未制定安全管理目标(伤亡控制指标和安全达标、文明施工目标)的，扣10分 未进行安全责任目标分解的，扣10分 无责任目标考核规定的，扣8分 考核办法未落实或落实不好的，扣5分	10		
3		施工组织设计	施工组织设计中无安全措施，扣10分 施工组织设计未经审批，扣10分 专业性较强的项目，未单独编制专项安全施工组织设计，扣8分 安全措施不全面，扣2～4分 安全措施无针对性，扣6～8分 安全措施未落实，扣8分	10		
4		分部（分项）工程安全技术交底	无书面安全技术交底，扣10分 交底针对性不强，扣4～6分 交底不全面，扣4分 交底未履行签字手续，扣2～4分	10		
5		安全检查	无定期安全检查制度，扣5分 安全检查无记录，扣5分 检查出事故隐患整改做不到定人、定时间、定措施，扣2～6分 对重大事故隐患整改通知书所列项目未如期完成，扣5分	10		
6		安全教育	无安全教育制度，扣10分 新入厂工人未进行三级安全教育，扣10分 无具体安全教育内容，扣6～8分 变换工种时未进行安全教育，扣10分 每有一人不懂本工种安全技术操作规程，扣2分 施工管理人员未按规定进行年度培训的，扣5分 专职安全员未按规定进行年度培训考核或考核不合格的，扣5分	10		

续表

序号	检查项目		扣分标准	应得分数	扣减分数	实得分数
7	一般项目	班前安全活动	未建立班前安全活动制度，扣10分 班前安全活动无记录，扣2分	10		
8		特种作业持证上岗	一人未经培训从事特种作业，扣4分 一人未持操作证上岗，扣2分	10		
9		工伤事故处理	工伤事故未按规定报告，扣3～5分 工伤事故未按事故调查分析规定处理，扣10分 未建立工伤事故档案，扣4分	10		
10		安全标志	无现场安全标志布置总平面图，扣5分 现场未按安全标志总平面图设置安全标志的，扣5分	10		
检查项目合计				100		

模板工程安全检查评分表

序号	检查项目		扣分标准	应得分数	扣减分数	实得分数
1	保证项目	施工方案	模板工程无施工方案或施工方案未经审批的，扣10分 未根据混凝土输送方法制定有针对性安全措施的，扣8分	10		
2		支撑系统	现浇混凝土模板的支撑系统无设计计算的，扣6分 支撑系统不符合设计要求的，扣10分	10		
3		立柱稳定	支撑模板的立柱材料不符合要求的，扣6分 立柱底部无垫板或用砖垫高的，扣6分 不按规定设置纵横向支撑的，扣4分 立柱间距不符合规定的，扣10分	10		
4		施工荷载	模板上施工荷载超过规定的，扣10分 模板上堆料不均匀的，扣5分	10		
5		模板存放	大模板存放无防倾倒措施的，扣5分 各种模板存放不整齐、过高等不符合安全要求的，扣5分	10		
6		支拆模板	2m以上高处作业无可靠立足点的，扣8分 拆除区域未设置警戒线且无监护人的，扣5分 留有未拆除的悬空模板的，扣4分	10		
7	一般项目	模板验收	模板拆除前未经拆模申请批准的，扣5分 模板工程无验收手续的，扣6分 验收单无量化验收内容的，扣4分 支拆模板末进行安全技术交底的，扣5分	10		
8		混凝土强度	模板拆除前无混凝土强度报告的，扣5分 混凝土强度未达规定提前拆模的，扣8分	10		
9		运输道路	在模板上运输混凝土无走道垫板的，扣7分 走道垫板不稳不牢的，扣3分	10		
10		作业环境	作业面孔洞及临边无防护措施的，扣10分 垂直作业上下无隔离防护措施的，扣10分	10		
检查项目合计				100		

二、施工进度控制三大关键

1. 制订总施工进度计划

制订要点

施工总进度计划包括建设项目（企业、住宅区等）的施工进度计划和施工准备阶段的进度计划。它按生产工艺和建设要求，确定投产建筑群的主要和辅助的建筑物与构筑物的施工顺序、相互衔接和开竣工时间以及施工准备工程的顺序和工期。单位工程施工进度计划是总进度计划有关项目施工进度的具体化，一般土建工程的施工组织设计还考虑了专业和安装工程的施工时间。

注意事项

施工进度计划的编制是按流水作业原理的网络计划方法进行的。它的特点体现在生产的连续性、节奏性和均衡性上。由于建筑产品及其生产的技术特点，在建筑施工中采用流水作业方法，这样既保证了各施工队组工作的连续性，又使后一道工序能提前插入施工，充分利用了空间，又争取了时间，缩短了工期，使施工能快速而稳定地进行。利用网络计划方法编制施工进度计划则可将整个施工进程联系起来，形成一个有机的整体，反映出各项工作（工程或工序）的工艺联系和组织联系，能为管理人员提供各种有用的管理信息。

链　接

应该采用哪一种进度计划方法，主要应考虑下列因素：

第一，项目的规模大小。小项目应采用简单的进度计划方法，大项目为了保证按期按质达到项目目标，就需考虑用较复杂的进度计划方法。

第二，项目的复杂程度。项目的规模并不一定总是与项目的复杂程度成正比。例如修一条公路，规模虽然不小，但并不太复杂，可以用较简单的进度计划方法。而研制一个小型的电子仪器，要很复杂的步骤和很多专业知识，可能就需要较复杂的进度计划方法。

第三，项目的紧急性。在项目时间短，特别是在开始阶段，需要对各项工作发布指示，以便尽早开始工作，此时如果用很长时间去编制进度计划，就会延误时间。

第四，对项目细节掌握的程度。如果开始无法了解项目的细节，关键路线法和计划评审技术法就无法应用。

第五，总进度是否由1～2项关键事项所决定。项目进行过程中有1～2项活动需要花费很长时间，可利用此期间可把其他准备工作都安排好，那么对其他工作就不必编制详细复杂的进度计划了。

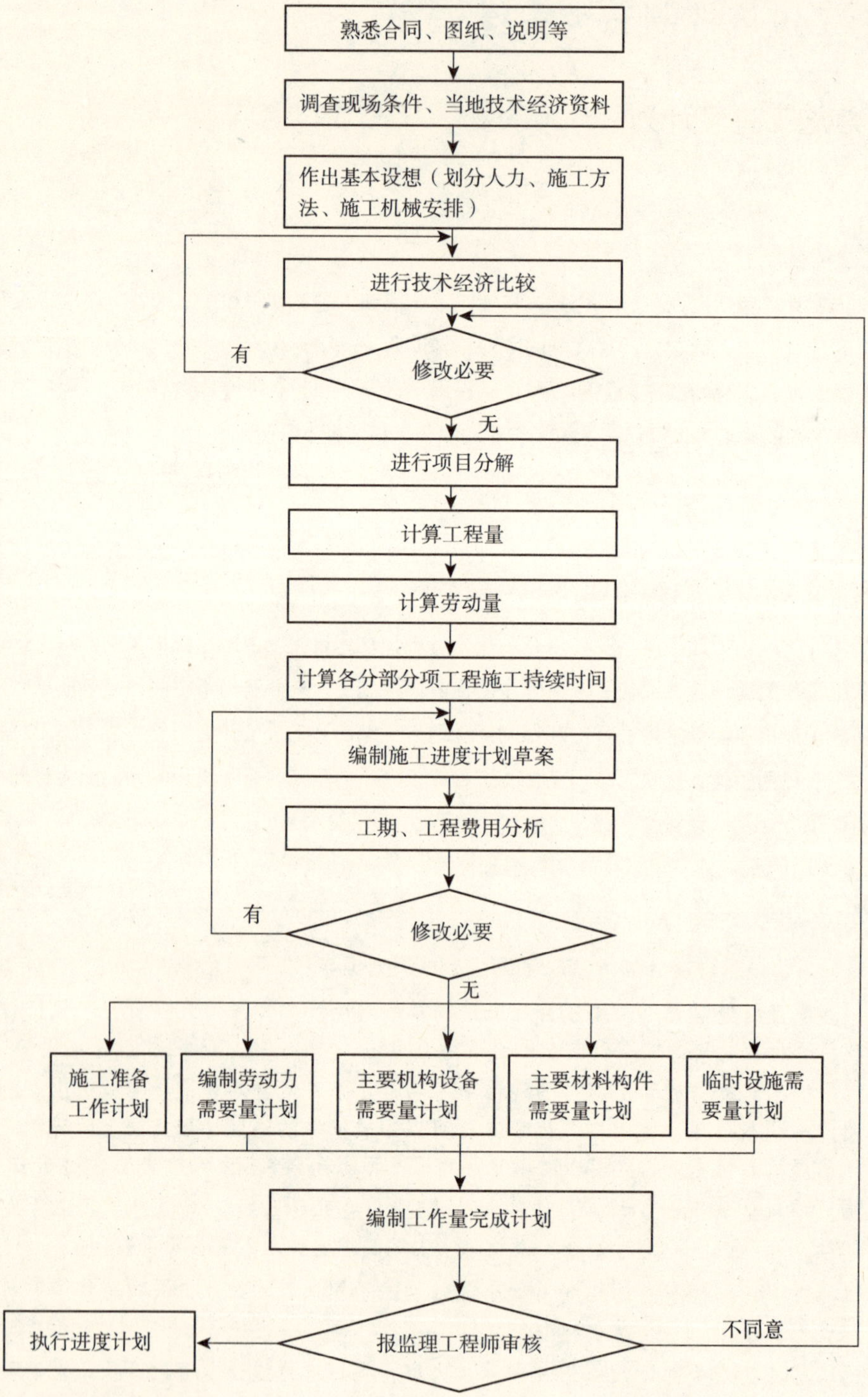
熟悉合同、图纸、说明等
调查现场条件、当地技术经济资料
作出基本设想（划分人力、施工方法、施工机械安排）
进行技术经济比较
修改必要
有
无
进行项目分解
计算工程量
计算劳动量
计算各分部分项工程施工持续时间
编制施工进度计划草案
工期、工程费用分析
修改必要
有
无
施工准备工作计划
编制劳动力需要量计划
主要机构设备需要量计划
主要材料构件需要量计划
临时设施需要量计划
编制工作量完成计划
报监理工程师审核
不同意
执行进度计划

2.施工进度的动态监控与纠偏

监控要点

进度安排需要考虑大量的约束条件，如工作面、机械设备、劳动力、工作方法、工作效率、成本等，在大量的工程进度安排实例中最常用的是经验和直觉。如果进度安排不合理，则对工程的指导作用降低，导致拖期、资源安排不合理和成本增加。如果要编制比较合理的进度计划，则必须考虑不同约束条件，进行大量的工程量计算、持续时间计算、资源需求量计算，导致进度计划编制周期增加。

注意事项

施工进度计划的检查是计划执行情况的反馈和信息来源，是调整和分析施工进度的依据，是进度控制最重要的步骤。进度计划的检查主要是通过把实际进度与进度计划进行比较，从中找出项目实际执行情况与进度计划的偏差，以便及时进行修正和调整。

链　接

在工程进展中，不断地收集实际数据与目标计划值作比较，发现偏差及时采取纠偏措施，纠偏措施一般有四种：进度目标控制的组织措施、进度目标控制的管理措施(包括合同管理)、进度目标控制的经济措施、进度目标控制的技术措施。

比较施工进度的计划值和实际值时应注意，其对应的工程内容应一致，如以里程碑事件的进度目标值或再细化的进度目标值作为进度的计划值，则进度的实际值是相对于里程碑事件或再细化的分项工作的实际进度。进度的计划值和实际值的比较应是定量的数据比较，比较的成果是进度跟踪和控制报告，如编制进度控制的旬、月、季、半年和年度报告等。

实用范本

月度施工进度控制总结报告表

项目名称：　　　　　　　　　　　　　　　　　　　　　　　　　　　　　　　　　　年　月

项目内容	合同进度累计要求	合同进度累计完成	本月计划完成	本月实际完成	进度对比	原因分析	改进建议
工程1							
分部工程1							
分部工程2							
……							
工程2							
分部工程1							
分部工程2							
……							
工程3							
分部工程1							
分部工程2							
……							

经办人：　　　　　　　　　　审核：　　　　　　审批

三、甲供材料管理

1.制订甲供材料总需求计划

制订要点

第一，建筑施工单位根据工程合同材料计划指标和实际需要，在施工前编制整个工程甲供材料汇总表和各类材料分期分批用量计划明细表。由单位负责人（或项目经理）签字、单位盖章后，分别报送监理公司认可和工程部论证，再由工程部负责人会同监理公司负责人审查核定并签字，最后转送材料部。

第二，在施工过程中，各施工单位需要材料或设备，应首先向工程部提交书面的材料、设备计划清单（原则上每月一次），工程部要及时会同相关监理公司根据上述第一款的汇总表和明细表，并根据施工需要负责进行审查核定，并签署意见后转交材料部负责采购。

注意事项

第一，施工单位提交的材料、设备使用计划清单必须详细、准确地按现行国家标准规范表述，写明各种材料、设备的名称、数量、规格、型号、质量标准、技术参数、设备配件、交货日期、售后服务等方面的意见和要求。如有特殊要求应一并提出（如颜色、功能等）。

第二，材料部在接到经审定并批准的采购计划后，首先报请指挥部领导确定采购方式，然后按规范程序进行采购。材料部对市场供应紧张的材料、设备原则上在接到采购计划后的一个月内负责供货，其他材料、设备在接到材料采购计划后的15日内负责供货。

链　接

甲供材料必须进入综合单价，否则报价不能体现工程的建设投资，建设单位还有偷税漏税的嫌疑。如果招标人在招标文件中明确甲供材料不进报价，应该在招标答疑中提出，要求他们提供甲供材料的价值，可以在其他项目清单中按照一定的比例计入采购保管费。其他项目清单中的投标人部分就包括总承包服务费，建设单位的甲供材料实质上也是分包的一种，计入采购保管费合情合理。

实用范本

甲供材料（设备）总需求计划表

项目名称： 文件编号：

序号	材料（设备）名称	型号规格	单位	数量	进场计划时间
其他说明：					
填表人		工程部经理		填表日期	
公司领导意见：					

2.如何管理控制好甲供材料

管理要点

第一，各施工单位应依据施工图编制“甲供材料使用计划”，经甲方专业工程师审核、主管领导审批后转甲方供应部门。供应部门应严格按审批过的各施工单位“甲供材料使用计划”控制材料发放。

第二，应对各施工单位的“甲供材料使用计划”进行分类汇总，与四方专业工程师编制的“甲供材料计划”进行对比，强超出“甲供材料计划”的品种、型号、规格、数量，应及时反馈到工程部，工程部应尽快核对并平衡。

注意事项

第一，施工单位公用材料时，应依据“甲供材料使用计划”办理“材料申请单”，经供应部门计划员审核、供应主管领导批准后方可领料，对施工单位“甲供材料使用计划”中没有的材料坚决不予发放。

第二，施工单位的材料按形成工程实体的实际用量加损耗来结算。对施工单位多领材料的费用按双方约定价格从结算中扣回。

链 接

在房地产开发过程中，材料费用约占工程开发成本的65%左右（除土地款）。房地产开发经营公司一般为了确保工程质量，节约工程成本，对工程材料常常采用“甲供材料”的形式。

从房地产成本控制和工程管理的角度出发，“甲供材料”管理核算方法有其优势，主要表现在节约材料采购成本和减少支付施工方材料备料款，同时保证了工程质量。一方面，整个工程项目的材料均由开发单位统一购入，一个大型的工程项目，因为工程进度和工程施工中对专业水平的具体要求，可能由几家施工单位联合施工。开发单位根据存货量可制定出最合理的采购量，科学地降低采购成本，而且批量采购也比零星采购有更多价格上的优惠；另一方面，施工单位因自身的规模限制，采购人员的素质差异和进货渠道信息不足,造成材料备料款增加，“甲供材料”可以减少采购成本和进货成本。

实用范本

上海××房地产有限公司甲供材料（设备）采购及管理工作程序

1.目的

确保采购材料（设备）100%符合有关国家规范及标准。确保采购材料（设备）严格按合同要求进场，保证工程按质按期完成。严格按采购合同要求支付材料（设备）款，做到付款进度不超前于材料（设备）进场进度。

2.范围

新建项目工程承包合同中所指定的甲供材料（设备）。

3.职责

设计部从建筑设计角度考虑，提出采购材料（设备）在美观及使用功能等方面的要求，并提供甲供料清单及验收规范。

工程部负责甲供材料（设备）的采购资料准备、采购实施、组织验收以及检查采购材料（设备）是否按合同要求进场。

预算部负责控制采购材料（设备）的付款方式以及付款进度。

4.程序

工程部主办工程师按《招投标管理工作细则》规定要求进行甲供材料（设备）的采购，并拟定《招投标文件》、《采购合同》及投标厂商的入围资格报请部门经理审批。

主办工程师按经审批的《入围资格》要求邀请三至五家分供商进行招投标，并封样存至仓库，做好标识。

施工图纸出齐后7天内，主办工程师应要求施工单位上交材料设备使用计划，同时考虑生产周期，由主办工程师编制《甲供材料（设备）采购工作计划》，经甲、乙双方协商后作为招投标的依据之一。

所有甲供材料须在房屋预售前一个月签订合同，在签订合同之前须预留20天合同审批时间，20天招投标时间。主办工程师会同预算部人员实施招投标。主办工程师按《招投标管理工作细则》及招投标结果，与供货厂商签订采购合同并报请审批。

5.甲供材料（设备）进场管理工作程序

在甲供材料（设备）签约之前，主办工程师必须检查供货厂商的法人委托书、地址、营业执照、资质证书、准用证、合格证、检测报告及其技术指标等资料是否符合《合同》和入围资格要求。

监理公司材料员、施工单位材料员检查进场材料（设备）与“产品封样”是否相符，并将“产品封样”保留到工程竣工及至保修期结束。

检查进场材料（设备）的品牌是否符合合同要求；色泽、材质（指材料）、外观等是否符合设计及合同要求；尺寸、规格、型号等是否符合设计及合同要求；是否符合出厂标准或有关国家行业标准以及合同要求达到的标准。检查进场材料（设备）合同要求的配件及辅材等是否齐全、正确；产品保护措施是否到位；供货时间是否按合同及供货时间计划要求执行。如供货时间延误造成工期、经济损失，则由主办工程师书面通知供货厂商主办人员及其上级领导并按采购合同规定处理。

对关键材料（设备）的关键生产加工过程，主办工程师须会同监理工程师委派专门人员对其过程进行现场跟踪监督。

检查进场材料（设备）的数量是否符合合同要求及供货计划要求；存贮及堆放是否符合有关规定要求；进场材料（设备）的检查、验收工作必须做到100%，由工程部主办工程师负责会同监理公司、总承包公司等有关单位共同参与进行（必要时设计部也参加），验收合格后方可支付材料（设备）款。

如施工单位要求延时交货，应提交书面申请。公司内部相关环节影响工期时，项目主办人应书面通知相关人员可能发生的费用损失。

项目结束后，项目主管汇总甲供材料（设备）的供货质量、交货期、配合情况，填写《甲供材料（设备）供货单位考核情况评分表》，报部门经理审批。

第三期

施工收尾期（竣工验收）

一、办理竣工验收

办理要点

1. 在编制竣工收尾计划时，项目经理要突出抓好两个环节的组织管理基础工作：一是建立一套完善的竣工收尾班子；二是坚决落实竣工收尾计划。

2. 工程竣工验收前，项目经理和技术负责人要定期和不定期地组织对竣工收尾计划进行反复的检查。有关施工、质量、安全、材料、内业等技术、管理人员要积极协作配合，对列入计划的收尾、修补、成品保护、资料整理、场地清扫等内容，要按分工原则逐项检查核对，做到完工一项、验证一项、消除一项，不给竣工收尾留下遗憾。

3. 竣工验收程序依次为：竣工验收准备——编制竣工验收计划——组织现场验收——进行竣工结算——移交竣工资料——办理交工手续。

注意事项

项目负责人完成施工项目竣工收尾计划，确认达到竣工条件后，应按规定向所在企业报告，提交有关部门组织预验收，填写工程质量竣工验收记录、质量控制资料核查记录、工程质量观感记录表，并对工程施工质量作出合格结论。

链 接

根据国务院《建设工程质量条例》和建设部78号令《房屋建筑工程和市政基础设施工程竣工验收备案管理暂行办法》的规定，建设单位应在工程竣工验收合格之日起15日内，依照有关规定向备案机构备案。建设单位办理竣工验收备案手续应提交下列文件、资料："工程竣工备案报告""建设工程竣工验收报告""单位工程质量竣工验收记录"（附：各责任主体的质量检查、评估报告）、"施工图设计文件审查意见""建设工程施工许可证""规划、消防部门出具的认可文件及准许使用文件""工程质量保修书""住宅工程使用说明书""法规、规章规定必须提供的其他文件"。

实用范本

竣工验收阶段细部质量检查技术指引

土建部分

1. 内墙面

第一，检查每个面不少于3个点；

第二，表面平整清洁，无明显抹纹；接槎平整，无空鼓开裂；批嵌细腻，无脱皮；

第三，墙面平整度采用2米靠尺和塞尺检查，平整度允许偏差小于3毫米；

第四，立面垂直，允许偏差小于3毫米，阴阳角方正顺直，允许偏差小于3毫米；

第五，预留洞、槽、管道等的位置、尺寸正确，出墙口整洁、顺直；

第六，墙表面细裂缝空鼓处，经修补后应保持与原墙面色泽一致，无修补痕迹。

2. 顶棚（层高）、开间尺寸

检查标准及验收用表参见“××省住宅工程质量分户验收规则”。

3. 地坪

第一，地坪表面平整，水泥颜色一致，清洁干净、无污染、无开裂空鼓，表面无麻面，不起砂；

第二，地坪用2米靠尺和塞尺检查，平整度允许偏差小于4毫米；

第三，踢脚线平整顺直，高度一致，无空鼓开裂，与墙面结合牢固，上下接槎平整，分色清楚，检查每个面不少于3个点；

第四，踢脚线处水泥砂浆不得抹在墙面批嵌腻子层上，批嵌腻子不得抹在水泥砂浆层上；

第五，地面、踢脚线裂缝空鼓处，经修补后应保持与原色泽基本一致，无明显修补痕迹。

4. 进户门、电表箱门

第一，门扇开启灵活，不碰擦，无自开、自关、回弹现象；

第二，表面平整、光洁、色泽一致，无裂缝、划痕、毛刺、锤印和缺角、断角；

第三，门框与墙体间砂浆填嵌饱满均匀；

第四，框的正面与侧面垂直，允许偏差小于3毫米，框的对角线允许偏差小于3毫米；

第五，框与扇、扇与扇接缝宽度为1.5毫米~2.5毫米，高低差小于2毫米；

第六，门锁、拉手、插销、小五金、门碰头安装齐全，无遗漏，安装位置准确。

5. 阳台

第一，除符合楼地面地坪要求外，不倒泛水，无积水，无渗漏，无空鼓开裂；
第二，阳台栏杆表面无明显划痕、凹损和明显色差，栏杆整齐一致，位置正确；
第三，阳台挂落线宽度一致，与底板高度一致；
第四，阳台墙面涂料无色差，阳台立管清洁无污染。

6. 卫生间、厨房间

第一，墙面细砂批嵌粗细一致，平整清洁，纹路上下顺直，无裂缝，不起壳，地坪平整；
第二，卫生间及厨房间地面24小时盛水试验，以水覆盖满地面为准，达到不渗不漏；
第三，各出水管道灌水通球试验，每根管道试验2分钟，管道通畅无堵塞，管道无破损漏水情况；
第四，给水进户阀门开启灵活，水表运转正常。

7. 塑钢、铝合金门窗

第一，门窗安装牢固，安装位置符合设计要求；
第二，门窗开启灵活，无倒翘、阻滞及反弹现象，五金配件齐全，位置正确；
第三，门窗框扇表面外观洁净，无划痕、碰伤、拉毛现象；
第四，门窗滑槽内无垃圾，排水孔通畅；
第五，玻璃表面洁净，无明显划伤、气泡（见《浮法、钢化玻璃标准》）；
第六，双层玻璃夹层内无灰尘和水汽，双玻隔条横平竖直，不翘曲；
第七，硅胶槽顺直，槽口方向、宽度、深度符合设计要求，硅胶施放均匀、边缘整齐、圆弧光滑。

8. 公共部位（楼梯走道）

第一，墙面平整，阴阳角方正、顺直、清晰；斜板表面平整，与梁等接点处水平；梁表面平整，梁底水平，高宽度一致；腻子批嵌平整，无腻灰，无波纹；涂料均匀、无色差；

第二，地砖铺贴平整，拼花图案清晰，色泽一致，表面清洁，不起壳、无裂缝、无碎块、无掉角、无缺楞，砖缝均匀顺直；楼梯踏步尺寸一致，无大小头，斜面一条线，用2米靠尺检查平整度，允许偏差小于4毫米；

第三，楼梯挡水线、挂落线的宽厚度一致，表面平整，颜色一致，阴阳角清晰明快不含糊；

第四，楼梯栏杆焊疤处理平整，木扶手拼接牢固，扶手背不弯曲，腻子批嵌密实，油漆表面涂刷后无锈斑、焊渣、毛刺等。

9. 外墙

第一，墙面平整无空鼓开裂，大墙角、阴角挺拔通直，细砂批嵌均匀无接口，表面无明显射影和波纹，阴阳角清晰不含糊；涂料均匀，无色差、无接痕、无污染，收头清爽；

第二，窗台、门窗侧墙：窗台横平竖直，楞角线条清晰，窗框下槛20毫米圆弧光滑顺直；窗台泛水排水坡度20毫米以上；窗台滴水槽顺直，水槽粉刷相等，整齐一致；

第三，阳台粉刷曲线和顺，阴阳角清晰明快，挂落线厚度、宽度一致，细砂批嵌均匀，纹路顺直；涂料均匀，无色差，无起皱脱皮。上下阳台进出一致，梁底水平无翘曲，上口压顶流水向里；

第四，外墙面砖铺贴平整、横平竖直，面砖间隙均匀、勾缝密实，无空鼓、开裂、缺角，阴阳角方正。

10. 屋面

第一，屋面栏杆油漆均匀，无流坠、起皱，无锈斑，焊缝饱满，无漏焊、脱焊现象；

第二，屋面上入口锁具配置齐全、牢靠，开启灵活方便；

第三，屋面地坪找坡准确，屋面细石混凝土保护层及女儿墙无明显空鼓裂缝；天沟部位及排水口周边防水卷材铺贴密实，无孔洞、裂口、裂缝；天沟排水通畅，无明显积水；

第四，防水卷材上口铝合金盖板安装平直，无短缺；铝合金盖板上口、衔接处、钉帽处密封胶施放齐全，平直整洁。

给水排水、电气部分

1. 给水管

第一，明敷管每层应设支架，管卡牢固，与管子接触紧密。管壁及接口无污物，镀锌管接口及损伤应做防腐处理；

第二，给水阀门的位置准确，开关严密、灵活；

第三，水表安装位置正确、平整；

第四，试压检验无渗漏。

2. 排水管

第一，洁具排水口留位准确，阳台地漏位置为最低点低于地表面50毫米；

第二，检查口位置正确，清扫方便；

第三，灌水通球试验做到不渗不漏，排水通畅。

3. 雨落管

第一，按规范安装伸缩节，伸缩节安装高度应统一；

第二，管道支架的间距应统一，立管ϕ75以上的支架间距不大于2000毫米；

第三，立管的垂直度偏差：每5000米不大于10毫米，全高不大于30毫米；

第四，雨落管口与排水明沟中心两点成一线；

第五，所有管道不堵不漏，排水通畅。

4. 配电箱、柜

第一，配件齐全，接地正确，线材色标正确，排列清楚，接触严密（相线为红线、黄线、绿线，零线为蓝线，接地线为绿黄双色线）；

第二，配电箱、柜垂直度偏差：箱体高500毫米以下，允许偏差1.5毫米；箱体高500毫米以上，允许偏差3毫米。

5. 开关、插座（含有线电视、宽带、电话）

第一，线材色标合理，接线正确，左零右相，相线为红线，零线为蓝线，接地线为绿黄双色线，接线紧密；

第二，开关、插座面板并列安装，高差允许偏差0.5毫米；每户内面板高差允许偏差5毫米；面板的垂直度允许偏差0.5毫米。

6. 阳台灯具安装

阳台灯具安装原则：上下对齐。

7. 电气回路测试

第一，绝缘测试：导线间和导线对地间的绝缘电阻值必须大于0.5兆欧；

第二，接地电阻测试：电路保护和避雷接地电阻值必须小于10欧姆；

第三，通电测试：漏电开关短路保护、过载保护动作可靠。

二、物业交接验收

交接验收要点

开发商与物业公司交接分为实物和资料的交接。实物主要指项目公共部分的一些设施、设备，含设施设备清单、使用说明书、合格证、检验报告、验收文件等；资料主要指竣工图纸、竣工验收文件、质量检验文件、竣工备案文件等。

按项目归类，每个项目做一个项目交接表，交接的资料作为附件，交接表包括的内容：交接项目内容、交接存在问题、交接各方签字盖章栏（含施工、监理、建设、物业单位）。

注意事项

明确交接前双方的责任，如交接前的各项目本应建设方派人管理，交接后才由物业公司管理，如交接前的项目不符合物业管理的要求（这指楼体外公共部分），建设方应加大力度，加强施工单位的管理等方面。

链　接

物业交接标志着物业管理责任的转移。开发商、物业公司要抓住物业交接这一契机，以法律文件形式将各自对住户的责任予以明确划分，并对双方如何合作相关工作、如何衔接等作出明确规定。物业委托管理合同是明确物业管理企业和发展商双方责任的重要法律文件，除了建设部发布的物业管理委托合同示范文本内容之外，还应注意保修问题，保修涉及工程施工单位对开发商的保修和开发商对住户的保修2个层次，而保修工作又往往要由物业公司面对住户来实施。这种时间、空间上的工作主体移位就必须依靠明确的规定来划分责任。

实用范本

物业交接验收表

年　月　日第　次验收

移交物业名称：					
层数/高度	层/m	建筑面积	m^2	结构性质	
项目	保修方	电话	地址	验收人	保修期
基础					
土建					
装修					
水					
电					
煤气					
电信					
空调					
电梯					
监控					
智能抄表					
车场系统					
背景音乐					
人防					
防雷					
园林施工					
娱乐设施					
通讯系统					
白蚁施工					
供水情况		总表型号		表底数	
供电情况		总表型号		表底数	
供气情况		总表型号		表底数	

续表

<table>
<tr><td rowspan="2">验收意见</td><td>开发商：（章）

负责人：
日期：</td><td>施工单位：（章）

负责人：
日期：</td></tr>
<tr><td>监理公司：（章）

负责人：
日期：</td><td>物业公司：（章）

负责人：
日期：</td></tr>
</table>

工程经理营养餐

营养标签

维修保修是关乎企业声誉的问题。如果处理得不好，会被外界认为是“豆腐渣”工程，从而给企业带来很多负面影响。

营养密码

保修模式有：扣留分包单位一定的工程款，由劳务分包单位负责维修；由开发商成立专门的维修保修小组，对公司所属项目进行维修；项目直接成立专门保修队伍。

营养建议

对不履行保修义务或者拖延履行保修义务的施工单位，由建设行政主管部门责令改正，并处10万～20万元的罚款。

超级链接

要想了解更多房地产前沿资讯，获得更多项目管理信息，那么就赶快配置一把财富金钥匙。

网址：dichan.sina.com.cn　邮箱：winfangbook@winfang.com　电话：020－61073242

房屋建筑工程质量保修书

（示范文本）

发包人（全称）：________________________

承包人（全称）：________________________

发包人、承包人根据《中华人民共和国建筑法》《建设工程质量管理条例》和《房屋建筑工程质量保修办法》，经协商一致，对________（工程全称）签定工程质量保修书。

1.工程质量保修范围和内容

承包人在质量保修期内，按照有关法律、法规、规章的管理规定和双方约定，承担本工程质量保修责任。

质量保修范围包括地基基础工程、主体结构工程，屋面防水工程、有防水要求的卫生间、房间和外墙面的防渗漏，供热与供冷系统，电气管线、给水排水管道、设备安装和装修工程以及双方约定的其他项目。具体保修的内容，双方约定如下：____

____

____。

2.质量保修期

双方根据《建设工程质量管理条例》及有关规定，约定本工程的质量保修期如下：

第一，地基基础工程和主体结构工程为设计文件规定的该工程合理使用年限；

第二，屋面防水工程、有防水要求的卫生间、房间和外墙面的防渗漏为________年；

第三，装修工程为________年；

第四，电气管线、给水排水管道、设备安装工程为________年；

第五，供热与供冷系统为________个采暖期、供冷期；

第六，住宅小区内的给水排水设施、道路等配套工程为________年；

第七，其他项目保修期限约定如下：

____

____

____。

质量保修期自工程竣工验收合格之日起计算。

3.质量保修责任

第一，属于保修范围、内容的项目，承包人应当在接到保修通知之日起7天内派人保修。承包人不在约定期限内派人保修的，发包人可以委托他人修理。

第二，发生紧急抢修事故的，承包人在接到事故通知后，应当立即到达事故现场抢修。

第三，对于涉及结构安全的质量问题，应当按照《房屋建筑工程质量保修办法》的规定，立即向当地建设行政主管部门报告，采取安全防范措施；由原设计单位或者具有相应资质等级的设计单位提出保修方案，承包人实施保修。

第四，质量保修完成后，由发包人组织验收。

4.保修费用

保修费用由造成质量缺陷的责任方承担。

5.其他

双方约定的其他工程质量保修事项：____

____

____。

本工程质量保修书，由施工合同发包人、承包人双方在竣工验收前共同签署，作为施工合同附件，其有效期限至保修期满。

发　包　人（公章）：　　　　　　　　　　　承　包　人（公章）：

法定代表人（签字）：　　　　　　　　　　　法定代表人（签字）：

年　月　日　　　　　　　　　　　　　　　　年　月　日